识人高手

姜蒙 编著

民主与建设出版社

·北京·

图书在版编目（CIP）数据

识人高手 / 姜蒙编著 . -- 北京 : 民主与建设出版
社 , 2024.3
ISBN 978-7-5139-4534-9

Ⅰ . ①识… Ⅱ . ①姜… Ⅲ . ①人际关系 – 通俗读物
Ⅳ . ① C912.11-49

中国国家版本馆 CIP 数据核字（2024）第 054407 号

识人高手
SHIREN GAOSHOU

编　　著	姜　蒙	
责任编辑	廖晓莹	
封面设计	末末美书	
出版发行	民主与建设出版社有限责任公司	
电　　话	（010）59417747　59419778	
社　　址	北京市海淀区西三环中路 10 号望海楼 E 座 7 层	
邮　　编	100142	
印　　刷	衡水翔利印刷有限公司	
版　　次	2024 年 3 月第 1 版	
印　　次	2024 年 4 月第 1 次印刷	
开　　本	670mm×950mm　　1/16	
印　　张	14	
字　　数	140 千字	
书　　号	ISBN 978-7-5139-4534-9	
定　　价	56.00 元	

注：如有印、装质量问题，请与出版社联系。

孙中山曾说："人既尽其才，则百事俱举；百事举矣，则富强不足谋也。"

春秋时期，齐桓公摒弃前嫌，拜管仲为国相，进而修内攘外，坐上了春秋时代诸侯霸主的宝座。

秦始皇凭一封《谏逐客书》，慧眼识李斯，先提拔其为廷尉，后升任其为丞相，授之以举国行政大权，掀起变革之风云，最终建立中国历史上第一个中央集权的国家——秦王朝。

秦末汉初，刘邦起于微末，胸怀天下，用张良之谋，借萧何之才，凭韩信之兵，破关入秦，争于楚河汉界，定鼎中原，开创大汉帝国。

纵观历史，但凡成就一番大事业的人，除了拥有超群的能力之外，更重要的因素就是他们还拥有众多"千里马"，他们则是善于驾驭"千里马"的"伯乐"。

反过来，有"千里马"在侧却视而不见的人，往往最后都难有所成就。

凡此种种，无不说明知人善任的重要性。

"知人"和"善任"是领导者必备的素质。五代时期的王定保在《唐摭言·四凶》中说："才者璞也，识者工也。良璞授于贱工，器之陋也；伟才任于鄙识，行之缺也。”

一个人有再大的本事，如果没有人赏识，就像是丢在乱石中的玉一样只能被埋没。

"知人"，考验的不仅是领导者的眼光，更依赖于领导者的眼力。眼光注重的是皮相，眼力则需要看透皮相，发现一个人的内在品质。

"善任"，有三个层面的意思。一是善于发掘他身上的优势；二是善于把他的优势用在合适的地方；三是善于把握他的心理，让他的行为在自己的掌控中。

只有懂得"知人"，再配合"善任"，才能建立一种顶层的人才辨识和管理体系，更好地为自己赋能，为团队赋能。

"知人"和"善任"并非领导者才需要的品质。除了职场，日常人际社交也需要练就一双慧眼，这样才能知人知面知心。君子坦荡荡，但小人长戚戚，防人之心不可无。

本书总共分为六章，借助心理学分析如何识人、如何交人、如何用人。第一章介绍了如何先识人；第二章通过行为心理学讲解了如何洞悉人的品性；第三章剖析了心理防御机制与驭人之术；第四章阐明了用人贵在真心和诚意；第五章讲解了知人善任要因势利导；第六章介绍了如何运筹帷幄，以及带领团队所需要的大智慧。

每个人都是一个庞大的关系网的中心，只要利用好这个关系网，就能为自己带来源源不断的资源和利益。本书将带领大家建立强大、有效且稳定的人际关系网。

第一章

交人必须先识人

第二章

行为心理学，从细节看性情和人品

第三章

看透心理防御机制，懂心才能攻心

第四章
交往之道，交人交心

第六章

运筹帷幄，立于不败之地

第一章 交人必须先识人

从九型人格看性格是否合拍

我们经常使用"知音"这个词来指代某个非常懂我们内心的朋友，然后用"高山流水"来形容我们和最好的朋友之间的友谊。实际上，这两种说法都源自《列子·汤问》中的一则故事。

伯牙和子期：高山流水遇知音

相传，我国春秋时期，有一个著名的琴师叫俞伯牙。中秋节这天，伯牙乘船来到江边，坐在船上弹琴。琴声吸引了岸上的一个樵夫。樵夫头戴斗笠，身披蓑衣，背着木柴，腰上别着板斧。伯牙见到樵夫在认真地听自己抚琴，便请他上船聊天，没想到这樵夫颇懂琴理。

于是伯牙另换一张琴，想到巍峨的高山，他恣意弹奏起来，气势宏伟。樵夫赞叹说："弹得真好呀！我仿佛看到了巍峨的泰山！"

伯牙又换了一曲，这次他想象着奔腾澎湃的黄河。樵夫听着曲子，赞叹道："真妙啊！我好像看到了浩浩汤汤的河水！"

伯牙激动不已，拉着樵夫的手说："先生真是我的知音啊！还没问先生的大名？"樵夫也不谦虚："你太客气了，我叫钟子期。"

当天晚上，伯牙和子期喝酒抚琴，畅谈乐理，一直到天亮。分别时，二人都依依不舍，约定来年的中秋夜还在这里相见。

转眼到了第二年中秋，伯牙早早来到江边，却迟迟不见子期。向人打听才知道，子期在几个月前去世了。伯牙伤心欲绝，来到子期的坟前，含泪弹奏了一曲，想到以后再也没有知音了，于是把琴摔得粉碎，再也不弹琴了。

性格影响交友方式

历史上有很多因为同样的志向成就伟大友谊的案例，如伯牙和子期，管仲和鲍叔牙。当然，也有很多由于理念不同而分道扬镳的人，如割席断交的管宁和华歆。

性格决定了一个人的志向、情趣、意志，也在交友上起着决定性作用。科学研究发现，人的性格受基因和环境的双重影响。1996年，以色列和美国的科学家组成的研究小组发现，人体第11号染色体上有一种叫D4DR的基因，对人的性格有不可忽视的影响。

如果D4DR基因较长，这个人就容易兴奋、激动，喜欢冒险，喜欢热闹和交很多朋友；而D4DR基因较短，人就会温和、拘谨，喜欢独自思考，过着清心寡欲的生活。

由此可见，基因在某种程度上会影响性格，而性格又会直接影响行为方式及与他人建立关系的方式。例如，开朗外向的人善于和别人打交道；而内向含蓄的人更喜欢独处。性格温和的人善于倾听别人的心声，注重友情的维护；而性格急躁的人很容易与他人发生矛盾，没有耐心处理各种关系。

同样的，由于性格和行为方式的不同，人们选择朋友的标准也不一样。

什么是九型人格

心理学家和社会学家往往把人类的性格划分为九种类型，包括1号完美型、2号助人型、3号成就型、4号自我型、5号理智型、6号忠诚型、7号活跃型、8号领袖型、9号和平型。

1号完美型性格。完美型的人做任何事都坚持自己的标准，力图把所有的事情都做到自己认为的完美。如果有人妨碍到他，他也会坚持自我，从不妥协。完美型的人不仅严格要求自己，还会用自己的标准严格要求身边的人。他更关注事情的结果，而疏于管理周围的关系，缺乏感性。

2号助人型性格。助人型的人善解人意、有同理心，能很好地感知他人的情感变化和需求，总是热情地满足他人的需要，所以人缘很好。然而这很容易造成他不主动表达自己的需求，在长期被人依赖中迷失自己，越发变得不懂得拒绝，甚至对待朋友比对待家人还要好。

3号成就型性格。成就型的人渴望做成事情，注重事情的结果而不是过程，为了达到目的不择手段。这源于他渴望被认可的内心需求，试图通过改变社会地位来得到赞赏。然而，他周围的关系往往是通过他自身成就来维护的，一旦成就消失、个人价值不存在，身边的关系也会随之逐渐瓦解。

4号自我型性格。自我型的人喜欢以自我的情绪和意识来处理身边的事情。他总觉得自己很独特，与别人不同，虽然情感世界丰富、喜欢幻想，但容易情绪化。他一方面渴望更多的人了解他的内心感受，另一方面又抱怨这个世界没有人能真正了解他。

5号理智型性格。理智型的人看上去冷冰冰的，实际上是刻意压抑自己的情感，让自己表现得更理智。他喜欢思考，渴望表现得比别人懂的多。他想让别人知道，他了解周遭一切事物的原理、结构、因果以至宏观全局。他也因此给人嘴不甜、不懂人情世故的印象。

6号忠诚型性格。忠诚型对任何人都很忠诚，分析能力强，但多虑，做任何事都先做好最坏的打算，很多时候甚至过分谨慎，从而影响行动力和效率。他经常陷入自我怀疑，担心做得不好，害怕暴露缺点和不足。无论是交友还是做事，都不轻易相信别人，和所有人都保持一定距离。

7号活跃型性格。活跃型的人是开心果，人生信条就是"好玩、开心、自由"。他生活乐观，喜欢用很多事情把自己的时间和空间填满。总是在不停地尝试新事物，多才多艺，兴趣广泛，并用乐观的情绪感染周围的人。阶级、领导、权威在他看来，一点儿也不重要，唯一能让他皱眉的就是今天没的玩。

8号领袖型性格。领袖型的人渴望被人尊重，喜欢在任何事情上成为别人的领袖。除了领导欲，他还有很强的保护欲，不喜欢靠别人的力量，却喜欢别人来依靠他。他沉醉于带领团队做大事，无论做什么事，都讲究效率和策略，但不太擅长照顾他人的感受。

9号和平型性格。和平型的人并非真正爱好和平，而是遵循"多一事不如少一事"的原则，害怕冲突，遇事退缩让步。他从不会苛求别人，但有时候会委屈自己，是生活中的好好先生。他有困难选择症，不喜欢做决定，总是把自己放在被动局面，以至于显得优柔寡断。

性格拼图

交朋友就像玩拼图游戏，两个完全陌生的人就像拼图的相关两块，左边和右边能否拼上，主要取决于两个人的性格是否相合。

就像前面说的，性格影响着一个人的志向、价值观、情趣、人际关系等多方面。只有从多个维度仔细考量和评估，才能正确地把拼图完成，从而将两个人"连接"起来。

而评估的标准就是性格类型。对方的性格有哪些优势和劣势？是和自己冲突还是和自己互补？

两个合作伙伴，如果性格完美契合，就能在合作中获得双赢，获取最大的利益。而在职场上，如果上下级的性格完美契合，就能相互成就。

九型人格为我们提供了一个判断一个人是否和自己合拍的标准，通过九型人格，我们能更好地认识自己，认识伙伴，评估人际关系的优劣和伙伴的价值取向，帮助我们将利益最大化。

 识人首要观其志向

识人，首先就要观其志向，因为理想是映照信念的基石。志向是一个人世界观、人生观和价值观的具体表现。

诸葛亮在《知人性》中说："知人之道有七焉：一曰，间之以是非而观其志；二曰，穷之以辞辩而观其变；三曰，咨之以计谋而观其识；四曰，告之以祸难而观其勇；五曰，醉之以酒而观其性；六曰，临之以利而观其廉；七曰，期之以事而观其信。"

诸葛亮：慧眼识英杰，智收姜维

三国时期，蜀汉丞相诸葛亮在北伐中原时，偶遇青年将领姜维。

当时，姜维效力于魏国，满腹经纶、一身才华却得不到应有的重用和赏识，只能困守一方。

诸葛亮注意到，姜维虽年纪轻轻，却已深研兵书战策，每临战

场皆能冷静应对，展现出了超凡的智慧与胆识。更令诸葛亮赞赏的是，姜维心中怀揣着兴复汉室的伟大抱负，这份追求与诸葛亮兴复汉室的理想同声相应，同气相求。

一日，诸葛亮借机与姜维正面交锋，战役中二人棋逢对手，智斗之间，诸葛亮越发觉察到姜维有过人之处。

诸葛亮故意设计了一场心理战术，假意让蜀军露出破绽，诱使魏军来攻。姜维果然识破此计，巧妙应对。

随后，诸葛亮趁势派遣密使传达诚意，私下接触姜维，两个人进行了深入交谈。

诸葛亮开诚布公地说："姜将军，我观你熟读兵书，且作战有方，实乃不可多得之人才。然而身处魏营，未能尽展所长，可曾有过困惑？"

姜维听闻此言，略显惊讶："丞相洞若观火，姜维的确有此感慨。吾虽效忠魏国，然则怀才不遇，心忧社稷，常觉空有一腔热血，无处倾洒。"

在这场密谈中，诸葛亮向姜维展示了自己的治国理念，以及匡扶汉室的决心。姜维被诸葛亮的胸怀大志打动，便直言不讳地表达了自己对时局的忧虑，他渴望恢复汉室伟业，亲手终结这分裂的局面，重现汉室辉煌。

诸葛亮见时机成熟，遂利用魏国内部矛盾，施展计谋。他命魏延佯攻冀县，诱使姜维前往救援其母。当姜维陷入蜀军包围时，诸葛亮亲临阵前，承诺只要姜维愿意弃暗投明，加盟蜀汉，必将给予重任，共同完成兴复汉室的大业。

姜维感动于诸葛亮的远见，面对这千载难逢的机会，他毅然决然地选择了归附蜀汉，从此成为诸葛亮麾下的一员干将。

志向是一种自我激励机制

一个人的志向，或者说理想、信念，就犹如人生的灯塔，会决定他前行的方向，选择的道路。志向不仅是个人的价值取向，更是行动的核心驱动力。

从心理学视角看，志向是一种高级的自我激励机制，它能激发个体的潜能，促使其成长与进步。有志之人，心存对理想的热情、对目标的执着追求，这种源于内心深处的动力源泉，让他们在面临困境时依然能咬牙坚持，在挫折面前仍旧矢志不渝。

正如姜维效力于曹魏，内心郁郁不得志，但仍然心系天下、志存高远，没有被一时的困境磨灭掉心志。诸葛亮以过人的识人之术，看出姜维并非池中之物，他虽身处逆境，却始终胸怀大志。于是，诸葛亮巧施计谋，成功劝降姜维，把姜维收入蜀汉阵营，将其视为接班人并悉心栽培。

姜维在归顺蜀汉之后，不负诸葛亮所望，继承了诸葛亮的遗志，多次北伐，力图恢复汉室江山。姜维的毅力与忠诚，也恰恰证实了诸葛亮当初的判断是正确的。

志向反映一个人的价值观

想要认识一个人的志向，可以观察他对一些大是大非的问题的观点。所谓"大是大非的问题"，是指那些涉及基本道德伦理、社会责任、人生价值观等方面的问题。

这些问题的答案，往往反映出一个人内心深处的价值取向、道德水平，以及对未来的期望和理想。

比如，面对公正与公平的问题，如果一个人能够坚持原则，追求平等公正，反对任何形式的不公，反对职业歧视、财富歧视及对身体缺陷的歧视，那么，他很可能是一个懂得平等与尊重的人；反之，如果一个人对这些问题态度模糊，没有自己的观点，他可能很难有长远的理想，缺少坚定的立场。

再者，一个人对待时代潮流、社会变革时的态度，同样能反映出他的眼界和志向。如果他能够积极拥抱变革，那么他的志向可能在于革新现状。

比如，社会上对 AI 技术的讨论存在着争议。有人担忧 AI 会取代人类工作，引发大规模失业；有人质疑 AI 的安全性和伦理问题；有人却坚定地认为，AI 技术的发展潜力巨大，有望为人类带来前所未有的便利……志向如同一块磁铁，吸引着机遇与资源，催生出奇迹般的能量。胸怀大志者会主动寻求挑战，勇敢面对未知。

逆境是志向的"炼金炉"

《孟子·告子》中说："天将降大任于是人也，必先苦其心志，劳其筋骨，饿其体肤，空乏其身。"

生活中，每个人都会遇到逆境。逆境如同一把"双刃剑"，不同的人在面对逆境时有截然不同的态度。睿智者把逆境视为砥砺自我的熔炉，提炼出坚韧不屈的品质和洞察世事的智慧；逃避者将逆境视为沉重的枷锁，被困在命运的低谷里。

在历史长河中，逆境锤炼意志、志向的例子俯拾即是：前有越王勾践忍辱负重、励精图治，后有司马迁身处牢狱，完成《史记》巨著。有时候，逆境能够激发人的潜能，让志向更加坚定。

逆境如同一面镜子，映照出一个人在压力和挫折下的应对方式，反映出一个人的决心和韧性。

观察一个人在逆境中能否保持冷静与理智，便能衡量出他的判断力和心理素质。一个人如果始终坚韧不拔、决不言败，那么，他的成长潜力往往不容小觑。

所以，当一个人身处逆境时，正是检验其品德、意志、智慧、情操的最佳时机。

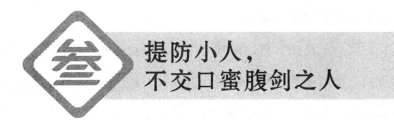

提防小人，不交口蜜腹剑之人

孔子在《论语·为政》中说："视其所以，观其所由，察其所安。"

在人际交往中，有一种人尤为值得我们警醒，那就是所谓的"小人"。他们的言行举止往往隐晦曲折，行事手法阴柔狡黠，若是对其辨识不清，难免会落入圈套，受其牵制，甚至蒙受损失。而"视其所以，观其所由，察其所安"便是识别小人的方法。

嘉庆皇帝：慧眼识佞臣，整顿朝纲

和珅，本名善保，是清朝乾隆时期的权臣和巨商，同时也是历史上著名的贪官之一。

和珅的家世并不显赫，但他凭借聪明才智和出色的交际手腕，很快在朝廷中崭露头角。他先是担任咸安宫官学生，后继承三等轻车都尉世职，进而通过李侍尧案的办理，巩固了自身的地位，得到了乾隆皇帝的极度宠爱和信任。

然而，乾隆之子嘉庆，自幼便常常见到父皇身边的这位权臣，他深知和珅擅长揣摩圣意，能言善辩，也看到了其一味逢迎、擅权纳贿的本质。尽管表面上和珅能够左右逢源，但其过于张扬的权势与日益膨胀的财富，引发了嘉庆的警觉。

嘉庆在尚未亲政期间，便通过诸多细微之处察觉了和珅的问题。和珅对权力的过分掌控、官员升迁任命的干预以及民间对其贪腐的传言，无不透露出他是一个典型的小人。尤其是乾隆晚年，和珅权倾一时，形成了一股足以威胁皇权的势力，嘉庆不得不搜集证据，静待时机。

嘉庆四年（1799），乾隆驾崩，嘉庆得以亲政，立刻抓住了铲除和珅的最佳时机。在短短几天之内，嘉庆雷厉风行，下令彻查和珅家产，事实证明和珅的财产的确达到了惊人的规模，其贪腐行为铁证如山。

于是，在乾隆皇帝去世后仅十五天里，嘉庆皇帝便对和珅进行了彻底的清算，宣布其二十大罪状，将其革职下狱，并赐令自尽。

嘉庆凭借敏锐的洞察力，以及坚定的决心，成功揭开了和珅这位权臣的真实面目，将这个祸国殃民的小人绳之以法。

口蜜腹剑之人往往言行不一

嘉庆皇帝之所以能够将和珅绳之以法，主要是因为他有过硬的识人本领，能看透和珅甜言蜜语背后的动机，并且有精密部署的智慧。

和珅是典型的口蜜腹剑之人，当乾隆在决策上犹豫不决时，和珅总能抛出甜言蜜语，用巧妙的措辞来缓和气氛，并暗中推动有利于铲除异己的政策。而他在朝廷中与同僚交往时，表面上与人和睦相处，实际上却常在背后使阴招，利用职权排挤政敌。在同僚遇到困难时，和珅表面表示同情，实则落井下石。他善于拉拢人心，用言辞笼络朝臣，但也会翻脸无情，利用手中权力对曾经拉拢的对象进行打压。

口蜜腹剑之人犹如披着羊皮的狼，以甜言蜜语粉饰其真实意图，言行不一，犹如一把无形的剑，随时可能刺向我们。

如何在日常交往中识别并妥善应对这类人，无疑是对我们的锤炼与考验。

其实，口蜜腹剑之人往往言行不一致，因此，我们需要洞察那些言行不一的痕迹。

口蜜腹剑之人表面热情洋溢，用动听的话语迎合人心、博取信任，然而，他们的行为往往与言语相悖，也就是俗话所说的"当面一套，背后一套"。

古人云，"听其言而观其行"，便是教导我们在认识一个人时，不仅要听对方说了什么，更要看他做了什么。

所以，我们必须养成观察与思考的习惯，不被甜言蜜语蒙蔽，学会透过现象看本质。我们可以注意观察他人：在关键时刻，是否表现出真诚与担当？是否频繁地为了私利而牺牲他人利益？他们的承诺能否兑现、立场是否坚定？

当弄清这些问题的答案后，我们便能对一个人的人品心中有数了。

审视言辞背后的动机

言语往往包裹着糖衣，内藏的却是毒药。

历史上，像和珅这样的小人还有很多：郭开素以巧言令色著称，他利用甜言蜜语和虚伪的忠诚，赢得了赵悼襄王的信任，却在暗地里一手摧毁了赵国的栋梁之材。明朝末年的阉党首领魏忠贤，凭借阿谀奉承和阴险手段，一步步爬上权力巅峰，他不断构陷忠良，表面上对他们赞赏有加，暗地里却罗织罪名，将他们迫害致死……

在生活中，我们也常会听到一些看似友好、实则隐藏着不良动机的言辞。也许有一位同事，总是在关键时刻对你大加赞美，诸如"你这次的项目做得真出色，我都不如你！"等，溢美之词不绝于耳。然而，当你向他请教某个工作上的问题时，他却含糊其词，敷衍应付。当他向你问起最近的项目的策划方案时，其实是在觊觎你的项目成果，赞美不过是糖衣炮弹，目的是让你放松警惕，便于他坐收渔翁之利。在家族聚会中，一位亲戚看似热情关心，不停询问你的近况，甚至为你未来的发展出谋划策，随后话锋一转，开始建议你拿出一部分资金投资他所谓的"稳赚不赔"项目……

所以，我们需要锻炼批判性思维，善于观察，尤其需要观察他人在利益面前的反应。

人性是一片丛林，无论是面对职场的竞争，还是家庭、朋友间的资源共享，当触及个人利益的核心地带时，每个人的角色和立场都会发生深刻的变化，往往会展现真实的一面。他们的言辞可能瞬间转向，变得自私冷酷，甚至有时候为了争夺利益最大化，不惜曲解事实、搬弄是非。这时，就是我们识别一个人的最好时机。

总而言之，我们需要一把锐利的智慧之剑，保持警惕，懂得抽丝剥茧，洞悉他人言辞背后的玄机，从而更好地保护自己。

巧妙地筑起心灵防线

那些口蜜腹剑的小人，善于利用他人的信任和期待。我们不应轻易将自己的信任拱手相送，而应保持理性和审慎，筑起心灵的防线。

在与小人交往时，应避免直接撕破脸，而是要学会巧妙地保持距离，避免陷入其精心设计的陷阱。当面对他们的谄媚和恭维时，切忌沾沾自喜，迷失自我。我们需要清楚自己的价值定位，坚持原则和底线，不被他人的虚伪赞美动摇。

当他们试图通过甜言蜜语诱导你时，你可以不动声色地转换话题，或者以沉默代替附和，以行动反驳空谈，让他们无法得逞。

总之，对待口蜜腹剑之人，最重要的是保持清醒的头脑和独立的判断力，以理智和智慧去应对，做到心中有数、手中有策。坚守底线，方能在生活的激流中，避开暗礁，平稳前行。

肆 知人善察，从言行之中看三观

子曰："道不同，不相为谋。"意思是说，有着不同志向的人，不能在一起谋划事情。而这里的"道"指的就是人的三观。

三观不同，为人处世的方式也就不同。即使做同一件事，也会有迥然不同的结果。

秦宓：妙答张温，一言一行皆立场

东汉末年，三国并立。东吴派遣使者张温出使蜀国。张温从蜀国回东吴前，蜀国文武百官在诸葛亮的带领下为张温饯行，唯独秦宓没有到场。诸葛亮立即派人去催他，张温就好奇地问："他是什么人？"诸葛亮微笑着说："秦宓是我们益州著名的学士，学识渊博。"

大家正吃着饯行宴，忽然秦宓走了进来，找了座位就坐下。张温觉得这个人不懂礼仪，于是有意刁难秦宓，就问："听说你是学士，不知道你曾经学习过吗？"

　　秦宓看出张温针对自己，于是正色说："蜀国三尺高的小孩都知道学习，更何况我呢？"

　　张温见秦宓这么嚣张，就问："那就说说你都学了什么呢？"

　　秦宓毫不谦虚地回答："上至天文，下至地理，三教九流，诸子百家，无所不通；古今兴废，圣贤经传，无所不览。"

　　张温冷笑一声说："既然先生口出狂言，那我就以天为题发问：天有头吗？"

　　秦宓点头说："当然有头。天的头在西方。《诗经》有言，'乃眷西顾'。由此推论，头在西方。"秦宓提到的"西"指的是蜀国。因为蜀国和东吴相比较，东吴在东边，而蜀国在西边。

　　张温听了当然不高兴，又问："天有耳朵吗？"

　　秦宓自信满满地说："有。《诗经》有言，'鹤鸣于九皋，声闻于天'。天高高在上，却能听到地下鹤鸣，如果没耳朵，用什么听呢？"

　　张温接着追问："天有脚吗？"

　　秦宓说："有。《诗经》有言，'天步艰难，之子不犹'。如果上天没有脚，用什么行走？"

　　张温见这些无理取闹的问题都被秦宓巧妙应付过去，虽然知道秦宓是在胡说八道，却无法反驳。张温苦思冥想，又接着问："天有姓吗？"

秦宓毫不犹豫地说："有姓。当今天子姓刘,上天当然也姓刘。"张温内心清楚秦宓说的天子是刘备,他把蜀国当成了天下正统,那置东吴于何地呢?

张温心下不悦,想扳回一局,问:"可是,难道先生不知道太阳诞生在东方吗?"秦宓微微一笑说:"太阳虽然诞生在东方,但最终归宿在西方。"

秦宓此话刚落,便引起了席间众多蜀国大臣的赞和声。这意思很明显,太阳虽然从东吴所在的东边升起来,但最终还是要落到西边的蜀国。

张温最终无言以对,诸葛亮怕张温难堪,连忙打圆场化解了尴尬。

言行之中看三观

《周易·系辞传》中有句话:"言行,君子之枢机。枢机之发,荣辱之主也。"意思是说,言行是决定一个人是成功还是失败的关键,而这个关键又是决定命运和荣辱的重要因素。

想要知道一个人脾气秉性如何,值不值得交往,要看他平时的言行如何。从说话的方式、语气以及做人做事的原则就可以看出他的三观。

三观在哲学上指的是世界观、人生观、价值观。

世界观是一个人对整个世界的看法和根本观点。世界观的基本问题是精神和物质、思维与存在的关系问题。根据两者关系的不同认知，分成了两种对立的观点，也就是唯心主义和唯物主义。

人生观是指一个人对人生的看法，比如人类生存的目的、价值和意义等。人生观是由世界观决定的，带有很强的阶级的意识形态，是特定社会环境和历史条件下产生的。在不同社会意识形态和不同阶级下生活的人们，人生观会完全不同。

价值观是指一个人在认识身边具体事物的价值基础上，形成的对事物价值的看法和根本观点。

秦宓是蜀汉的忠臣，一言一行都在维护蜀汉。他的三观，他的追求，他待人接物的方式和立场都是以"蜀汉是正统"为基础的。

反过来看张温，他来自东吴，东吴背靠长江天险，脚踩江南富庶之地，向来国强兵强，就连曹操都不敢轻易攻打东吴。张温以大国使臣的身份出使蜀国，一言一行都对蜀国有些轻视，把它看成边陲小国来对待，因此话里话外都不怎么看得上秦宓。

正是因为两个人的三观不同，表现出来的言行和立场也不同。不过，张温轻视蜀国，故意刁难秦宓，在道义上就输了。最后，只能被秦宓撑得哑口无言，还得靠诸葛亮保住颜面。

三观具有可塑性

一个人的世界观、人生观和价值观的形成，与生活环境、社会地位和看待问题的角度有关。生活环境、社会地位和看待问题的角度不会一成不变，三观也会随着时间的消逝和自身阅历的增长而发生改变。

心理学家普遍认为，当一个人遭受重大挫折，或者生活环境发生巨变时，其心理也会发生巨大的变化。有些人会从懒惰变得勤奋、有活力，轻松化解压力；而有些人没有强大的心理调节能力，遇到"威胁"时无法消除这种压力。压力就像一把雕刻刀，重新塑造人们的世界观、人生观和价值观，使人们对万事万物的看法发生颠覆性的改变。

一个生性活泼乐观的人，经历人生剧变会变得郁郁寡欢；而一个生活朴素、勤俭节约的人，突然中了巨奖，也有可能变得挥霍无度，最后被欲望掏空。

察言观色是交友的必备技能

如果让秦宓和张温交朋友，两个人说不了两句话就会吵起来，因为他俩的三观不合。而马克思和恩格斯在创立马克思主义哲学的过程中，常常产生分歧，却始终没有动摇他们之间的友情，这是因为他们三观契合。

交友，交的不仅是人，更是他的思想、逻辑和品性。

交友需要察言观色，考察他的言语，可以从他对各种事情的辩论和观点中察知他的世界观。了解他的人生经历和生活背景，观察他的行为，看他的做事风格和原则，就可以知道他的人生观是否与自己契合。

　　而关于一个人的种种信息往往隐藏在他的说话和做事中，因此，通过一次小小的话题辩论和交谈，就可以洞悉对方的内心，借此判断这个人值不值得交往。

伍 打破首因效应，透过现象看本质

"草萤有耀终非火，荷露虽团岂是珠。"

这是唐朝诗人白居易在《放言五首》中的诗句，表面意思是萤火虫再亮也不是火光，荷叶上的露珠再圆也不是珍珠。

草萤和荷露第一眼看上去都很漂亮，凭借着耀眼的光芒和闪亮的外表轻易就能蒙蔽人们的眼睛，只有透过现象看到本质才能识破这层屏障。

九方皋：识马只看内在素质

战国时期有一个擅长相马的行家叫伯乐，他在秦穆公手下做事。有一天，秦穆公对他说："伯乐先生，您年纪大了，您的孩子里有像您一样有相马本事的吗？"

伯乐笑着说："普通的好马都可以从外表和筋骨看出来，但难得的千里马跑起来像飞一样快,不留痕迹,外表看起来也恍恍惚惚。"
秦穆公听了很想得到这样的马,可是谁能找得到呢?伯乐接着说:
"我的孩子们才能低下,他们只能通过外表和筋骨辨别一般的好马,
想要得到千里马,我向您推荐九方皋。他曾经和我一起打柴,辨别
好马的本事不在我之下。"

　　不久,秦穆公用很高的礼仪接见了九方皋。然后九方皋就寻找
伯乐说的那种千里马去了。三个月后,九方皋回来说:"大王,我
已经找到千里马了。"秦穆公兴奋地问:"哦,请问先生,是什么
样的马?"九方皋毫不犹豫地说:"是一匹黄色的母马。"

　　于是,秦穆公就派手下人把那匹马买了回来。手下回来禀告:
"大王,九方皋说的那匹马是黑色的公马,不是黄色的母马!"秦
穆公听了觉得自己被耍了,认为九方皋连颜色和公母都分不清,怎
么会是相马高手呢?秦穆公很生气,找来伯乐问:"先生推荐的人
连雌雄、黑黄都不分,又怎么能识得好马呢?"

　　伯乐笑着说:"大王,九方皋相马,看到的是马的内在素质而
不是外表怎么样。他只看马的内在,而忽略了外在。只有他这样的人,
才能找到好马呀!"

　　几天后,秦穆公亲眼见到了那匹马,它奔跑、跳跃时身轻如燕,
不知疲惫,果然是难得的千里马。

首因效应和光环效应

九方皋在相马的本领上之所以比别人强，本质上是因为他能破除第一印象造成的干扰，也就是心理学上的首因效应。

研究表明，所有人在认识新事物的过程中都会被首因效应影响，形成先入为主的观念。比如在交朋友的时候，如果一个人在初次见面时举止得体、穿着干净清爽，那么人们就会喜欢接近他。反过来，假如一个人穿得破破烂烂、说话粗声大气，那么人们就会离他远远的。

假如和初次有好印象的人接触时间长了，发现他有很多缺点，甚至曾经犯了很大过错，人们也会受首因效应的影响，对他的形象进行"修饰"，从而让人们认为他以前的错误值得原谅。而那个第一印象不好的人，哪怕在以后交往中，人们得知原来他虽然平日里不修边幅，但实际上很善良、很有学识，也很难改变人们对他的认知。这就是光环效应。

洛钦斯的实验

美国社会心理学家洛钦斯以实验证明了首因效应的存在。

洛钦斯编写了两段关于一个叫作詹姆斯的学生的生活片段，场景都发生在一个文具店里。第一段描写的是詹姆斯去买文具，在店里遇到了熟人，便热情地和他们聊天，直到买完东西离开文具店。第二段描写的同样是詹姆斯买文具时，在店里看到了熟人，不同的是他没有和熟人打招呼，而是买完东西就默默离开了。

很明显，第一段的詹姆斯是一个热情外向的人，而第二段的詹姆斯是一个冷淡内向的人。

随后，洛钦斯找来若干测试者，并把这两段故事组合成了四种情况，分别展示给四组被测试者阅读，并让他们判断詹姆斯的性格特点。

1. 只展示第一段描写热情外向的詹姆斯的故事。

2. 只展示第二段描写冷淡内向的詹姆斯的故事。

3. 将第一段描写热情外向的詹姆斯的故事放在前面，将第二段描写冷淡内向的詹姆斯的故事放在后面。

4. 将第二段描写冷淡内向的詹姆斯的故事放在前面，将第一段描写热情外向的詹姆斯的故事放在后面。

实验结果表明，第一组被测试者中，有95%的人认为詹姆斯是个外向的人；第二组被测试者中，只有3%的人认为詹姆斯是个外向的人；第三组被测试者中，有78%的人认为詹姆斯是个比较热情而外向的人；而第四组被测试者中，只有18%的人认为詹姆斯是个外向的人。

通过对比第一组和第四组的结果，可以看出同样是阅读了第一段热情外向的内容，但第四组被第二段冷淡内向的内容影响，形成了首因效应，所以认为詹姆斯热情外向的人数减少了。对比第二组和第三组，结论同样如此。

从这个心理学实验可以看出，首因效应在人们认识新事物的过程中，起着十分重要的作用。

首因效应的内在原理

心理学家通过各种实验，认为我们通过五官获取所有外界信息进入大脑的顺序，在我们对事物的认知程度和效果上有不容忽视的推动作用。

大脑接受同一种事物的多种信息时，最先进入大脑的信息产生的对事物的理解与最后进入大脑的信息产生的对事物的理解相比，前者的作用比较大。这就是首因效应导致的。

简单地讲，首因效应就是先进入大脑的信息起主导作用。在大脑看来，对同一种事物的不同认知和看法没有绝对的正确和错误，谁先被大脑捕捉到，谁就是最重要的，后来的就不那么重要了。

所以，当关于同一个人或事物的不同信息全都展示给你时，你总是侧重于最前面的信息。这也是为什么面试时，我们要强调第一印象；考试时，要卷面整洁。

首因效应和光环效应往往是一起出现并影响我们的认知和判断的。有些人能意识到第一印象往往不准确，会觉得后边的信息更重要。但两者发生冲突时，人们还是受首因效应的影响更大，也就是所谓的直觉。

打破首因效应，看透事物本质

首因效应这种对单一事物或者人的认知属于社会知觉效应的一种形式，尤其是在人际交往的知觉过程中有着重要影响。虽然首因效应并不总是正确，但是在人的大脑中形成了最鲜明、最牢固的信息烙印，并在后面的持续交往过程中，控制着交往的进程和结果。

在人们的交往中，知觉主体是以对知觉对象的第一印象为基础来交往的。这种方式很容易在知觉对象身上诱发与第一印象相吻合的特征，从而加强知觉主体对知觉对象的印象。

最终结果就是，光环效应越来越强。

伯乐和九方皋不容易被第一印象左右，原因是他们会刻意忽视那些容易造成第一印象的因素，比如外貌、颜色、形态等明显特征，从而轻易地打破首因效应。

相马和识人的道理一样，作为社会的一分子，每天都要和形形色色的人打交道。当我们自己作为知觉主体的时候，尤其是作为领导时，要善于破除首因效应，对待下属，不仅要知面，还要做到知心。这样才能更好地发掘下属的能力和潜力。

陆　打造和谐人际关系，道不同，不相为谋

马克思说："人的本质不是单个人所固有的抽象物，在其现实性上，它是一切社会关系的总和。"也就是说，人是社会中的人，处于各种复杂交错的社会关系之中，每个人都不是也不可能是一座孤岛。

管宁：好友志不同，割席断交

南朝宋刘义庆在《世说新语》中记录了这样一个故事。

管宁和华歆是一对好朋友，他们经常坐在同一张席子上读书。有一天，二人在园子里锄草，看见地上有一块金子。管宁依旧挥动锄头，在他看来那块金子和旁边的石头、杂草没什么区别，不去理会。而华歆不同，他连忙把锄头扔到一边，高兴地捡起金子，把玩了一阵之后才扔了它。

又有一天，两人坐在席子上读书，忽然窗外有马车经过，周围围着很多穿着礼服的人。管宁就像没听见一样，继续读书，丝毫不受打扰。华歆却放下书，跑到门口观看，还露出羡慕的表情。

通过这两件事，管宁觉得华歆爱慕虚荣，和自己不是一路人，于是拿起剪刀把席子割成两半，说："你不再是我的朋友了。"

个人行为折射出人际关系

朋友，实际上是人际关系的一种，而人际关系又是社会关系的侧面体现。人际关系还包括夫妻关系、亲子关系、同学关系、师生关系、同事关系等。人际关系受生产关系和政治关系的制约。

人际关系是社会关系的"截面"，透过一个人的人际关系，就可以知道他的社会关系。个人行为是人际关系的"切面"。因此，从管宁和华歆的个人行为来分析，就可以大概知道他们以后的人际关系，甚至社会关系。

华歆成年后跟随曹操做事，是曹操手下的重臣，帮助曹操缔造了曹魏。后来，曹丕篡汉称帝，其中多少也有华歆的功劳。由此可见，华歆对金子和马车感兴趣，也折射出他后来的政治关系和官场之路。

反观管宁，他不贪慕虚荣，一心只读书，长大后，无论是黄巾起义，还是三国纷争，他都不关心，隐居在深山，过着逍遥隐士的生活。哪怕后来曹魏疆土初定，魏文帝、魏明帝等邀请他出山，他也敬谢不敏。管宁的人际关系和社会关系都很简单，这和当初他视金钱如粪土、不贪慕虚荣的个人行为有很大关系。

个人的行为包括言谈举止、待人接物等，往往折射出以后的社会关系。

人际关系三要素

人际关系包括三个重要的心理层面的要素：认知、情感和行为。

认知，指的是人际关系中的知觉，包括对自己的认知和对他人的认知。认知的方式多种多样，第一印象占据非常重要的地位，其次是行为举止和言谈等。

情感，指的是在交往过程中，知觉主体和知觉对象互相之间在情绪和对事物的好恶上表现出来的满意程度。此外，情感还包括知觉主体的情绪敏感性、对自己的评价，以及对知觉对象的态度。

行为，指的是交往活动的结果，以及交往过程中表现出来的风度、面部表情、手势、语言等。这些都是知觉主体对知觉对象进行特定测量，并在心里形成某种"记录"的外部表象。

从管宁和华歆的故事可以发现，两个人对对方的认知和行为是随着情感而变化的。开始时，管宁很欣赏华歆，愿意和他一起耕田，一起读书；而当他对华歆产生厌恶和抵触情绪后，对华歆的认知也产生了变化，就立即割断座席。

由此可见，在人际关系三要素中，情感起着主导作用，决定着人际关系的亲密程度、深浅程度和稳定程度。

不过，在带有组织性的人际关系中，比如公司、团体，行为替代情感起着主导作用。

如果知觉主体和知觉对象之间的交往，能够满足双方的需要，他们的关系就是亲密无间的；而当无法满足对方时，比如华歆喜欢金子和马车，和管宁喜欢读书相互背离，人际关系就会破裂。

和谐的人际关系

每个人都被一张看不见的人际关系网覆盖着。每个人都是关系网中的一个节点。在这张关系网中，人们最熟悉的莫过于利益和情感。

和谐的人际关系往往能发挥人们的创造性和生产性，以获得最大的利益结果和最强的情感共鸣。假如人际关系不和谐，就会影响人们的判断和认知，从而在处理和利益、情感相关的事情时发生重大失误，造成不良后果。

试想一下，假如管宁没有和华歆割席断交，而是一味地容忍华歆的行为，管宁的未来很可能就无法再专心学习，长大后和华歆一样混迹官场，为了功名利禄而奔波。

实际生活中，影响人际关系的最重要的因素有两个。

一是三观。交往关系中的知觉主体和知觉对象之间，只有世界观、人生观和价值观相互契合，对待问题的看法、观点相似，才容易保持良好的关系。

二是兴趣。绝大部分人从陌生到熟悉，除了首因效应之外，就是由于兴趣和爱好。共同的兴趣才能引发共同的语言，双方都能从对方身上有所获益，所以才会形成稳定的关系。

此外，相互交往的人之间的客观距离、交往和接触的频率、对对方家世背景了解的深浅等也都影响着人际关系。

无论是历史教训，还是亲身经历，无一不告诉我们，在交往识人的过程中，良好共赢的人际关系应该建立在有共同的思想基础和奋斗目标上。所以曹参在萧何去世之后，才能坚持按照他的治国方针来管理大汉帝国，因为他认同萧何。所以朱棣才能全身心地信任姚广孝，大事小情都由他决定，进而开创了永乐盛世。

交友识人，要在内在理想和精神层面有共同的追求，这样的朋友才能与你一同进步。

柒　与自信者为友，远离自负者

《后汉书》有言："自信者，勇气之源也。"

《明史》有言："己不自信，何以信于人？"

由此可见，识人用人，一定要重视那些拥有自信的人，而不是自负的人。

毛遂：敢于自荐源于自信

战国时期，秦国发兵围攻赵国都城邯郸，赵王派遣平原君赵胜去楚国订立盟约，向楚国借兵一起攻打秦国。为此，平原君决定从自己的门客中寻找二十个有勇有谋、文武双全的人一起出使楚国。

当平原君把这件事告诉自己的三千门客时，大家因为害怕楚王，一个个都不吭声。平原君挑来挑去，只挑出十九个人。这时，门客中有一个叫作毛遂的站起来说："在下毛遂，愿意做凑数之人，跟随公子去楚国。"

大家纷纷侧目，似乎从来不知道门客之中还有毛遂这一号人物，纷纷议论起来。平原君打量了一下毛遂，笑着说："先生到我门下多久了呀？"毛遂伸出三根手指："到今天已经有三年了。"

平原君说："我听说贤能的人就好比锥子，放在口袋里，他的尖端就会刺破口袋，凸显出来。先生您在我门下已经三年了，左右的人都不认识您，对您也没有称道，难道这不是因为您缺乏才能吗？您还是留下来吧。"

毛遂不急不躁，面带微笑地说："锥子再尖锐，如果您都没有把它放进口袋里，它怎么能凸显出来呢？只要您愿意把我当作锥子，放进口袋，我一定会锋芒毕露的。"

平原君听到毛遂这么说，再次打量他，见他气宇不凡，浑身上下充满了自信，于是决定带上他。然而，其他十九个一起前往楚国的门客皆对毛遂嗤之以鼻。

一行人到了楚国，进入楚国宫殿，平原君和楚王坐在上位谈论联盟的事，毛遂和其他门客坐在下首，等待最终的结果。平原君和楚王从早上谈到晚上，一直没有结果。由于一路上毛遂和其他门客谈论学问，大家都被他的才学折服，这时有人对毛遂说："先生，您上啊！"

毛遂毫不犹豫，手持宝剑走上台阶，对平原君和楚王说："合纵联盟，利害关系非常清楚，两句话就能决定，为什么从早谈到晚，连个结论都没有呢？”

楚王被毛遂吓了一跳，对平原君说：“这人是谁？！”

平原君抱歉地说：“这是毛遂先生，是我的门客。”楚王听了立即怒斥道：“我和你们公子说话，轮不到你插嘴，下去！”

毛遂手握宝剑的剑柄，逼近宝座上的楚王，威胁道：“大王您之所以敢斥责我，是因为您是楚国的君王，楚国地大物博，兵精粮足，而我只是一个门客。然而现在，十步之内，我就能击杀您，您的百万精兵拿我也没有办法。”

听到毛遂这么说，楚王被吓住了。毛遂接着说：“楚国的土地方圆五千里，兵将超过百万，而白起率领区区几万兵马就把楚国打败，连鄢、郢两个都城都被攻破，还烧掉了楚国的陵墓。这么大的耻辱，赵国都看不下去了，难道大王不感到差耻吗？合纵联盟不光是为了赵国，更是为了楚国呀！”

楚王被毛遂的一番慷慨陈词感动，连忙站起来说：“先生说的是，我立即和赵国签订盟约。”

接着，毛遂对楚王左右的人说：“还愣着干什么，去取鸡、狗和马的血来。”侍从取来动物血，毛遂捧着装满血的铜盆跪着献给楚王和平原君，说：“大王应当歃血来签订盟约。”随后，楚王、平原君和毛遂等人一起歃血为盟。

在从楚国回赵国的路上，平原君拉着毛遂的手说：“我平原君门下三千人，自以为有识人之能，今天见了毛遂先生，我以后真的是不敢再鉴选人才了。先生三寸长的舌头，强似百万人的军队啊！"

回到赵国，平原君就把毛遂奉为上宾。

做事不能缺乏自我效能感

毛遂自荐通常被当作自信的典范。毛遂确实是有能力的，平原君也确实看到了他有与众不同的气质，才决定带他出使楚国。

社会心理学家班杜拉提出过自我效能感的概念，他认为，一个人的自信指的是他成功应对身边特定情境的能力以及对这种能力的估量。简单来说，自我效能感越强的人对自身所处的环境及所面临的危机，能认识得越充分、越深刻。因此，他们在解决危机时，能稳妥地循序渐进。

这种能力其实就是自信的内在根源，而自信就是自我效能感强大的外在表现。

当听说平原君要挑选合适的门客一起出使楚国时，毛遂并没有立即站出来，这是因为他在心里仔细地进行了权衡和分析，考量自己是否适合，有没有能力去做。平原君选了一圈，再也选不出人的时候，毛遂才缓缓站出来。这时，毛遂已经做好了万全的准备，思考了很多种情况以及应对措施，他坚信自己有能力解决这件事，因此才非常自信地对平原君说，让他把自己当作锥子放进口袋里。

这种强大的自信，正是源于他对时局的准确把握以及对事态发展的合理评估。

领导者应善用自信之人

自信是一种积极乐观的情绪，对于形成融洽的团队氛围和提高士气有很大的帮助。作为团队的领导者，在挑选合适的员工和伙伴时，应该尽量选择自信但不自负的人。

自信是一个人发自内心的自我肯定，无论是在团队内部的人际交往，还是外部的客户外联，抑或是商业谈判，自信的人身上都会散发出强烈的、积极的、令人愉悦的情绪。

自信的人往往学习力强，能很快挖掘出自身的潜能，因为无论面对何种复杂的情况，自信的人都坚信自己能应对。随着他经历的事越来越多，解决问题的思路和办法也会越来越多，潜能自然就会被释放。

假如平原君没有带毛遂去楚国，毛遂威逼楚王的勇气也没有机会表现。而毛遂的成功就是源于他有自信能够解决危机。

第二章　行为心理学，
从细节看性情和人品

从情绪识人，
远离急功近利者

"夫仁人者，正其谊不谋其利，明其道不计其功。"

这句话出自《汉书·董仲舒传》，意思是，真正仁义的人，端正自己奉行的道义而不谋求眼前的小利，修养自己信奉的理念而不急于取得成果。

"君子喻于义，小人喻于利。"急功近利的人大多是小人。

孙膑与庞涓：师出同门却反目成仇

鬼谷子是春秋战国时期著名的谋略家、纵横家。孙膑和庞涓都立志建功立业，于是一起来到鬼谷子门下求师。

当时鬼谷子正在一个山洞里打坐，觉得他们都是可塑之才，决定考考他们。鬼谷子说，你们谁能说动我，让我主动从山洞里走出去，我就收下谁。听到这个考题，庞涓心中暗自高兴，觉得这太简单了，绝对不能让孙膑抢了先，便急不可耐地最先发言："师父，您瞧今天的太阳特别红，好像有什么不祥之兆。"

鬼谷子当然不为所动，淡淡地说："太阳每天东升西落，红了白，白了红，有什么稀奇呢？你这样说只能说明你没有见识。"

庞涓听了脸一红，非常尴尬，但又心急地说："师父，前边那棵千年铁树开花了，这可是千载难逢的奇观啊，您快来看看吧。"鬼谷子还是不为所动，冷冷地说："铁树开花不过是自然现象，没有特别之处。你这样说只能说明你没有智慧。"

旁边的孙膑一点儿也不着急，见庞涓没办法了才说："师父，您早就有了防备，我们说什么您都不会出来的。不过，如果您在洞外，我倒是能让您回到洞里。"

这下激起了鬼谷子的兴趣，走出洞外："哦？我倒想看看你的办法。"结果孙膑施礼说："师父，我已经让您走出来了。"

鬼谷子大笑起来，觉得孙膑机智灵活。后来，鬼谷子把他们都收为学生，悉心教授兵法。

不久后，魏国传来消息，魏惠王到处招募人才。当时庞涓和孙膑的学业还没有完成，庞涓觉得机会难得，便毅然放弃学业到了魏国，成了大将军。孙膑则不为所动，继续跟随鬼谷子深入学习兵法。后来，在墨家学者秦华礼的推荐下，孙膑亦被魏国任用，与庞涓并列为国师。

然而，随着孙膑的才华逐渐展露，庞涓心生嫉妒，竟然设计陷害孙膑，导致孙膑受到酷刑，膝盖骨被残忍挖去。庞涓的野心不止于此，他企图夺取孙膑所学的兵法，以绝后患。

但孙膑机智过人，在身受重创、腿脚不便的情况下，巧妙地运用兵法中"兵不厌诈"的策略，装疯卖傻，成功地拖延了时间，为自己赢得了生机。最终，在秦华礼等人的帮助下，孙膑逃离了魏国，投奔齐国。孙膑在马陵道一战中，以卓越的军事才能大败魏军。庞涓则在这场战役中中计，自刎于战场。

孙膑与庞涓的故事警示着我们急功近利必有大患。

功名利禄是"双刃剑"

宋代的杨时在《二程粹言》中说："多权者害诚，好功者害义，取名者贼心。"《荀子·不苟》中说："君子欲利而不为非。"

古往今来，几乎所有人都在追逐功名利禄，哪怕是像陶渊明这样"采菊东篱下，悠然见南山"的隐士也是因为求而不得，见识了官场的斗争之后，才毅然归隐田园。

为什么世人常常不能免俗呢？因为古时候的人都受到儒家"修身、齐家、治国、平天下"思想的熏陶，认为名垂青史才是一个好男儿的最终归宿。就像宋朝韩琦说的"东华门外以状元唱出者乃好儿"，意思是，只有在东华门外放榜时得中状元才是好男儿。

追逐功名利禄的人也可以是君子。明朝的张居正，为了主持"万历新政"对明朝内部进行改革，即使父亲去世也没有回家守丧，而是夺情留职。

过分地追逐功名利禄、急功近利，而不是锻炼自己的才能、修习自己的品格，就会像庞涓那样被反噬。无论是在拜师求学时，还是在马陵之战时，都因为急切地追求成功，而不能谨慎思考和顾全大局，最后败给孙膑。

就像本篇开头说的那样，"夫仁人者，正其谊不谋其利，明其道不计其功"。

一个人的品格和性情如何，从他对待功名利禄的态度上就可以窥见一斑。

情绪是内心的外部表征

情绪心理学认为，情绪是对一系列主观认知经验的通称。客观事物的特点，无论是变化的还是不变的都是客观存在的，不受人的意志左右。然而，在面对客观事物时，人的态度、体验以及相应的行为都是不同的。而这些正是构成情绪必不可少的要素。因此，通过观察一个人的情绪变化，就可以了解他的心理活动，从而知道他的三观。

急功近利的人往往有强烈的欲望；而淡泊名利的人多乃高风亮节。

情绪是以人的需要和愿望为中介的心理现象，而人的需要和愿望可以在某种程度上看成对功名利禄的追求。如果外部变化符合主体的需求和愿望，主体就会产生积极和肯定的情绪；反之，则会得到消极和否定的情绪。

当庞涓一再被孙膑挫败，甚至影响了他在魏国的地位时，他狭隘阴暗的内心和傲慢轻狂的性格就表现得越发明显。

情绪的外在表现一般包括面部表情、姿态神情、语调表情和感情反馈等。不难想象，庞涓在想要打败孙膑的日子里，每次想到孙膑时，是怎样地咬牙切齿。而当他在马陵被孙膑打败的时候，又是怎样地悔恨和懊恼。

急功近利的人，其情绪往往很不稳定。这源于人体在产生情绪的时候引发了生理唤醒。在生理唤醒时，人体会分泌激素来刺激神经产生兴奋，从而引发血压上升、心跳加速、呼吸加快等身体反应。

无论是生活中，还是工作中，当面对同样一件事或者一个事物时，如果一个人表现得非常激进，情绪变化剧烈，就说明他很可能是急功近利的人。而急功近利的人，往往做事不择手段，最终害人害己。

正如庞涓，在急切地想要建功立业的过程中，不仅残害了师出同门的孙膑，也最终害了自己。

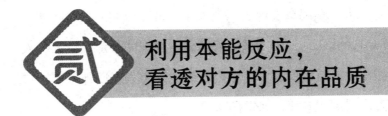

利用本能反应，
看透对方的内在品质

春秋时期的墨子曾经说："言不信者，行不果。"意思是，说话没有信用的人，做事情也不会有很大成功。

这说明，一个人的人品如何，将来能否成就伟大的事业，从他的一言一行中就能看得出来。而面对善于伪装的人，我们就要看他在危急时刻的本能反应。

曾国藩：言行举止是人品的"密探"

曾国藩是晚清四大重臣之一。他的功成名就离不开他亲自发掘的很多有才能的人。当时晚清政府中有四分之一的官员都是他提拔和发掘的。其中包括李鸿章、左宗棠等名臣。正是由于曾国藩拥有一双识人辨人的眼睛，才成就了他在历史上的地位。

曾国藩识人有多厉害呢？

相传有一天，李鸿章发现了三个人才，带着他们去见曾国藩。刚到曾府门口，就遇到外出回来的曾国藩。曾国藩分别打量三个人一眼，什么都没说就进屋去了。李鸿章让这三个人在门外候着，自己追了上去，问："老师，您觉得这三个人怎么样？"

曾国藩想了想，说："左边那个人可以用，但难当大任；右边那个人万万不能用，否则后患无穷；中间那个人嘛，可以好好培养。"

李鸿章听得一头雾水，曾国藩解释说："左边那个，我看他第一眼，他也看了我一眼。等我再看他的时候，他就低下了头不敢与我对视。这表明他心地善良，但没有气魄。做小事还行，做大事则没有掌控局面的能力。"

"右边那个人，我看他的时候，他低头不敢看我。而我扭头不看他的时候，他又偷偷瞄我，很明显此人心术不正，做人做事都贼眉鼠眼，不光明正大，赶紧打发了吧。"

"那中间那个人呢？"李鸿章对曾国藩的评价非常赞同。

"中间那人，我看他，他也看我。我打量他，他也打量我。眼神透彻，气宇轩昂，说明此人心胸坦荡，很有气魄，是个可担当大任的人。"

事实证明，曾国藩的判断非常准确。中间那个人就是后来台湾保卫战中的淮军将领刘铭传。

一言一行"透露"内心品质

曾国藩在考察一个人的言行和品质时不光看其外貌长相，还用了以下方法。

"听其言量其心志"，从他平时的言语之中，度量他内心的志向。

"观其行测其力"，观察他平常的行为举止，以评判他做事的能力大小。

"析其作辨其才华"，分析他平时做的事情和成绩，月来分辨他有多少才华。

"闻其誉察其品格"，侧面打听他的名声，用来考察他的品质。

这四种方法，总结成一句话就是，想要识人识得他的才能，辨人辨得他的品质，就要从他的一言一行着手。

一个人在日常生活中说的每句话、做的每件事，都是内心品质的外在表现。

"巴甫洛夫的狗"和本能反应

可是，生活中有很多人善于伪装，怎么才能知道他说的哪句话、做的哪件事儿才是他的本性呢？

生物学家伊万·彼得罗维奇·巴甫洛夫是高级神经活动学说的创始人，他曾经做过一个有意思的实验。他找来一条狗作为实验对象，每次喂食前，都会摇铃铛或者吹口哨。经过几次重复训练之后，后来只摇铃铛，但不喂食，狗同样会分泌大量唾液。

巴甫洛夫认为，实验中的狗由于长期在进食前受到铃声或者口哨的影响，便将这些声音和"进食"联系起来，认为这些声音是"进食"的信号，因此一听到这些声音，大脑就会控制唾液腺分泌唾液。这种受到外界的刺激而产生的行为，就是条件反射。这个实验被称为"巴甫洛夫的狗"。

后来，"巴甫洛夫的狗"用来形容一个人不经大脑思考而做出的反应。这种反应是一种本能反应，不受意识和外界环境的影响和控制，是最能真实地体现一个人内在的反应。

而曾国藩识人的时候，正是通过观察一个人的本能反应，看透他的内在品质如何。比如，一个人表现欲过强，说明他心浮气躁，功利心太重，不能大用；一个人有才能，但性格偏激固执，要慎重使用。

德要配位，人方堪用

子曰："君子喻于义，小人喻于利。"意思是说，有品德的人注重道义和正义，而没有品德的人只注重个人利益。

追名逐利没有高雅和低俗之分，只要是名正言顺的"名"、取之有道的"利"，我们都可以坦坦荡荡地追求。

但是，在追求名和利的过程中，单打独斗绝对是不行的。想要在风云变幻的当今社会中占有一席之地，团队的力量不可忽视。

而想要寻找可靠的合作伙伴，就要观察他的言行，看透他的内心本质。

德行要和他所在的位置匹配，才能保证工作的方向是正确的；而才能要和他所在的位置匹配，才能保证完美完成工作任务，达成业绩考核。总之，想要让自己和团队的利益实现质的飞跃，挑选匹配的人才是第一要务。

在日常小事中见君子格局

《淮南子》中有一句话："见一叶落而知岁之将暮。"这句话的意思是，通过观察一片树叶的落下，可以预知一年即将结束。也就是说，我们通过观察一个人在生活中如何处理一些小事，可以看出一个人的格局和眼界。

司马光：砸缸救人，逆向思维与大格局

北宋年间有一位著名的历史学家和政治家，名叫司马光。司马光最被人熟知的贡献是编写了《资治通鉴》这部编年体通史巨著。而他最被人津津乐道的，就是他小时候砸缸救人的故事。

据说司马光很小的时候，和小伙伴们在院子里玩耍。院子里有一口大水缸，里面灌满了水，本来是预防火灾用的。伙伴们玩得兴起，有一个小孩竟然爬到了缸沿上。缸沿又窄又滑，小孩一不小

心掉进水缸里了。那个水缸又深又大，几岁的小孩很难自己爬出来，再加上小孩不会游泳，很快就沉下去了。

其他孩子见到出事了，有的吓跑了，有的吓得坐地大哭，还有的跑去前院找大人。唯独司马光不慌不忙，从墙角搬来一块大石头，只听"嘭"一声，水缸破了个大洞，水哗哗地流了出来，小孩也被冲了出来。

大人们赶来后，全都称赞司马光的机智。

常理往往是格局的枷锁

人们总是喜欢从历史中寻找教训和经验。这也是为什么我们常听到"按常理说""不听老人言吃亏在眼前"这些话。

常理是一种过去的经验，有一定指导意义。虽然常理在很大程度上降低了试错成本，也就是少走弯路，但如果一味地按照常理做事，常理就会变成一种枷锁，牢牢锁住你的思维方式、行为习惯，让你不敢越雷池一步。

有伙伴掉进水缸里，应该立即把他从水里拉出来，这是所有人都会采用的一种救援方式，也就是常理。然而，喊大人来就要等待很长时间，在当时那种紧急情况下已经等不及了。

司马光选择不按常理出牌，反其道而行之。既然把同伴从水里拉出来很难，那为什么不让水离开同伴呢？于是，他拿起石头砸破了水缸。

司马光的思维方式是与常理相违背的逆向思维。

逆向思维是一种特殊的思维方式，也叫求异思维，是对司空见惯的已成定论的事物或观点反过来思考的一种思维方式。就像刚才提到的常理，人们总是习惯于沿着事物发展的正方向去思考问题并寻求解决办法，也就是说，对于事物的理解方式永远都只有正向思维这一种。如果把正向思维的人比作数学上的二维平面的话，那么同时拥有正向思维和逆向思维的人就是三维立体空间。

也就是说，拥有逆向思维的人比按照常理办事的人多了一个维度，正是这一个维度让逆向思维的人拥有了大格局。

格局是一种认知

格局是指对事物的认知程度和范围。也就是说，格局大的人对周围事物的理解在横向上有广度、在纵向上有深度。

在心理学中，格局用来描述人们对同一事物的表征的抽象水平，也就是解释水平。一个人的格局越大，解释事物的水平越高，越能预测事物发展的全貌，也就有越长远的规划。

从这两种角度的解释不难发现，格局，通俗理解就是不同的人对同一事物的理解程度的深浅。当司马光的伙伴掉进水缸里时，同样是年龄相仿的孩子，其他孩子的解救办法是把同伴从水里拉出来，他们对于这件事的理解只有这一种。反观司马光，除了这种理解之外，他还有第二种办法——让水离开同伴。

这么一对比就可以看出，在同龄的孩子中，司马光的格局是比较大的，至少在砸缸救人这件事上是这样的。

小事中才能看出格局

陈蕃是东汉时期的名臣，他性格刚直，不畏权贵，以清正廉洁著称。在他年轻的时候，曾经发生过一件小事，体现了他高尚的品格和远大的格局。

据说，陈蕃在家乡时，有一位好友来访，因为当时天色已晚，陈蕃便留好友在家中过夜。那个时代有个风俗：若客人留宿主人家中，主人要在第二天早晨为客人准备早餐，以示款待。然而，陈蕃家境贫寒，第二天早晨并没有足够的食物来招待朋友。面对这一尴尬局面，陈蕃并没有让朋友感到难堪，而是自己悄悄地去市场卖掉自己的衣服，换取了食物，然后回家煮粥给朋友吃。

这件小事展现了陈蕃的高尚品质和为人处世的格局。他宁愿自己受苦，也不愿让朋友感到尴尬或不舒服。这种无私的精神和对友情的重视，体现了他的人格魅力和深厚的道德修养。后来，陈蕃在官场上也以这种高尚的品格和对国家的忠诚赢得了人们的尊敬。

这件小事告诉我们，一个人的格局不仅体现在大事上，更体现在日常生活的点点滴滴中，通过对这些小事情的处理，我们可以看出一个人的品格、修养和对人生的态度。

司马光小时候砸缸救人，本来是一件微不足道的事，但可以看出他有着比常人更广阔的格局。尤其是在他编纂《资治通鉴》的时候，这种格局体现得淋漓尽致。

司马光在编纂《资治通鉴》期间，并没有把《资治通鉴》写成献媚邀功之作，而是尊重历史事实，秉承着继承先贤、开启后辈的宗旨写下每一行字。

他始终以儒家提倡的"修身、齐家、治国、平天下"的理念，分析和审视历史中的每一个人、每一件事，从他们身上提取经纬和道义，希望能对北宋皇帝治国、理政有所裨益，更期望这本书能成为后事之师。

肆　远离会令自己产生认知失调的人

古人云："言为心声，行为心表。"子曰："听其言而观其行。"

由此可见，在识人、知人的过程中，不要只是听他人说了什么，还要观察他的行为。因为语言是内心声音的反映，而行为是内心影像的反映。

周亚夫：言行合一却珠玉蒙尘

周亚夫是西汉著名的军事家和政治家，是西汉开国功臣绛侯周勃的次子。周亚夫一生战功赫赫，不仅击败了侵略的匈奴，还平定了七国之乱，可以说为了汉朝的江山稳固发挥了决定性的作用。但也因此功高震主，引起了汉景帝的猜忌和疏远。

周亚夫直言进谏，不畏皇权，先后因谏废栗太子、王信封侯、匈奴降将封侯等事逆汉景帝之意，得罪窦太后，并与梁孝王结下宿怨。这些忠言不仅未得到采纳，反而让他与皇族的关系日益紧张。

有一次，汉景帝曾请周亚夫吃饭，故意给他一大块未切开的肉，又不提供筷子。周亚夫看出了汉景帝是在借机羞辱自己，于是心情不悦地对身边的侍从说："给我拿双筷子！"

汉景帝见了，脸上浮现出别样的笑，说："难道，这还不能让你满足吗？"周亚夫听出了汉景帝的言外之意，立即行礼跪下谢罪。

汉景帝刚说完"起身"，本想走到周亚夫身边说些什么。但周亚夫立即站了起来，没等汉景帝说接下来的话，转身就走了。

汉景帝看着周亚夫的背影，对身边的人说："这种人以后怎么能辅佐少主呢？"

这一举动不仅预示了周亚夫日后的悲剧，也从心理学的角度反映了周亚夫产生了认知失调。

后来，周亚夫的儿子私购御用物品，周亚夫受牵连被下狱，最终绝食而死。

行为是语言的表征

像周亚夫这样耿直的人，恰好应验了那句古话——言为心声，行为心表。他说的话，他表现出来的行为举止，都是他内心的真实写照。

无论是周亚夫作为河内太守掌管细柳大营，命令士兵将皇帝的车马挡在军营外；还是反对废太子，反对皇后哥哥和匈奴将军封侯，都是在按照规矩办事。然而这些规矩，在新上任的汉景帝看来，都是迂腐和不知变通的表现。

从周亚夫的一生经历来看，他始终保持着言行合一的准则，这正是君子所为。所谓君子，孔子认为应该讷于言而敏于行，也就是少说话多做事。讷于言，并不是一句话也不说，而是说出的话、做出的举动，应该和内心的真实想法保持一致。这才是真正的君子。

所以，如果和一个君子交朋友，那么从他平时说话的内容、语气和方式，就能了解他的脾气秉性。

费斯廷格的认知实验

利昂·费斯廷格是一名美国社会心理学家，他主要研究人的期望、抱负和决策，并用实验方法研究偏见、社会影响等社会心理学问题。

费斯廷格曾经做过一个有失言语和行为的实验。

实验开始前，费斯廷格准备了两组被测试者，先让他们做一些无聊的任务，比如绕线、简单至极的数学题。等完成任务之后，费斯廷格要求他们告诉外面等候的被测试者"这个任务非常有意思"。

很显然，这是一个撒谎行为。为了让这两组被测试者按照他说的去做，费斯廷格准备了一笔酬金。费斯廷格给第一组每个人20美元的报酬，而只给第二组每个人1美元的报酬。

实验结果发现，获得 20 美元的第一组被测试者，在告诉外面等候的被测试者时，对任务的评价很低，他们觉得这个任务非常无聊。

而得到 1 美元的第二组被测试者，对这个实验的评价很高，他们告诉外面的被测试者，这个任务很有意思。

为什么相同的实验内容却造成了两种截然不同的评价，并且第二组被测试者的言行不一致呢？

费斯廷格认为，这个实验要求被测试者对别人说"这个任务非常有意思"，与他们切身体验到的"我根本不喜欢这个任务"是矛盾的，因此会在他们内心里造成一种失调。

对拿到 20 美元的第一组被测试者来说，虽然要对别人撒谎，但毕竟得到了 20 美元的高额报酬。所以哪怕要求他们撒谎，他们也没有改变对实验的看法。

但是对于第二组只拿到 1 美元的人来说，他们心里显然是不平衡的。任务无聊，报酬很少，却要告诉别人这任务非常有意思。他们无法为自己的矛盾行为找到合理的托词，于是产生了严重的认知失调。在这种情况下，他们把这件事情合理化，改变了自己的认知，形成了"我喜欢这个任务，这个任务还是蛮好玩的"的新认知。

在这种新认知的驱动下，他们就能心安理得地告诉别人这任务非常有意思，这样一来，新的认知和新的行为就协调了。

按照认知失调理论，周亚夫的行为与他一贯的自我认知产生了分歧，这种不一致导致他的内心非常不舒服。周亚夫一向自视甚高，认为自己忠贞不贰，但汉景帝的举动却让他不得不低头索取筷子，这与他的自尊心和自我期待形成了鲜明对比。这种内心的冲突和不适，正是认知失调的体现。

言行合一的君子难以纠正认知失调

费斯廷格根据自己的研究成果，提出了认知失调理论，并且把人的认知失调分成四类。

1. 决策后失调。当某个人必须在各有优缺点的两种不同事物之间做出选择时，选择之后的结果就容易产生失调。这种失调往往在选择困难时出现。

2. 强制服从失调。当某个人受到外界的强制干预，不得不采取与自身信念和原则相违背的行为和动作时，就容易产生失调。这种失调常出现在上下级关系明确的场景中。

3. 接触新信息造成的失调。当某个人接触到与过去经历和认知完全陌生的新信息，新信息威胁到了固有的认知时，就容易产生失调。

4. 社会支持体系造成的失调。当某个人的意识受到群体的左右时，或者由于自己的特殊群体身份，不得不接受与个体身份相违背的信息时，容易失调。

无论是哪种认知失调，一旦进入社会关系之中，都很容易和周围的人发生冲突和矛盾。因为认知失调的人会产生困惑，引发不确定性，从而在情绪和情感上造成经常性的波动和不稳定。

周亚夫是一个坚持原则、言行一致的人，他的行为在汉景帝看来十分迂腐，不知变通。

汉景帝作为皇帝、作为周亚夫的上级，他需要周亚夫跟他保持认知上的一致，完全支持他的决定。

如果周亚夫是一个圆滑的投机者，他完全可以违背自己的良心，不论皇帝说啥，他只管支持就够了，这样他能获得更多的利益。

但显然利益买不到周亚夫的良心，投机行为对他来说属于认知失调，他无论如何也不可能违背自己的良心来附和皇帝，所以最终他落得一个悲惨的下场。

从汉景帝的角度来说，周亚夫不知变通。从周亚夫的角度来说，汉景帝的做法有违公正。

我们可以肯定周亚夫的正直，但也不能完全判定汉景帝的做法是错误的。

以现在的眼光来看，这两个人是上司和下属的关系，也是事业上的合作关系。当合作双方对合作内容产生严重的认知偏差时，两个人就应该及时分道扬镳，不应再合作下去。强行继续合作的结果必然是矛盾积累直至完全闹崩。

潜意识中藏着人的真实品性

曹操在《短歌行》中说："何以解忧？唯有杜康。"而诗仙李白也在《将进酒》中说："古来圣贤皆寂寞，惟有饮者留其名。"

由此可见，古人常常借酒释放自己，让自己暂时忘却苦恼。东吴的孙权正是利用酒能让人松懈的作用，找到了属于自己的"诸葛亮"。

孙权：借酒试英才，酒后吐真言

孙权喜欢喝酒，这在东吴无人不知、无人不晓，甚至巧妙地用在了识人上。

有一天，孙权召集大臣和将军们商量国家大事，席间大家觥筹交错，唯独有一个人一言不发，他就是鲁肃。孙权听说鲁肃很厉害，但鲁肃对于大家商量的很多对抗曹操和刘备的计策没有发表任何意见，这让孙权很苦恼。于是酒席结束后，孙权单独把鲁肃留了下来。

两个人进入里屋，孙权又置了一桌酒席，喝到尽兴的时候，孙权忽然问鲁肃："如今我继承了父亲与兄长的大业，想要更进一步，你有什么办法？"

此时，鲁肃已经喝得醉醺醺了，完全没有了刚才拘谨和压抑的状态，于是把自己的计策一股脑地说了出来："依我之见，汉室已经完了，没办法再复兴。而曹操占据中原，大势已成。我们唯一的办法就是借助长江天险，屯粮屯兵，巩固实力。"

孙权听了，十分高兴，这正是他想听的，鲁肃接着说："刘表占据荆州，而荆州是长江天险十分重要的一环。我们的实力增强之后，就要消灭刘表，占据荆州。这样不仅曹操很难跨过长江，东吴也有了可以威胁中原的屏障。"

说到这儿，孙权越发兴奋，连饮三杯问："然后呢？"

鲁肃面色潮红，方才还惺忪的醉眼忽然变得有神了，说："占据天时地利人和，称帝指日可待。"

从那一晚之后，鲁肃就成了孙权身边重要的谋士。

意识的压抑和阻抗作用

从这一段经历可以看出，孙权不仅善于喝酒，而且像后来的宋太祖赵匡胤一样，是一个善于使用酒来达到政治目的的人。

那么鲁肃为什么酒前不说那些话，而是酒后才说呢？这其实是意识和潜意识博弈的结果。

很多电影和小说中都会有这样的情节，一个人遭遇了重大挫折，精神趋于崩溃，因而造成了短暂的失忆，那段痛苦的记忆被完全忘掉了。这是意识的一种自我保护行为。

　　实际上，这种情节在心理学上是有依据的。心理学家把人的意识分成三种，分别是意识、潜意识和无意识。

　　简单理解就是，意识是我们清醒的时候对外界客观事物做出的反应；这些反应是我们的大脑经过主动分析，并指导我们的身体做出的。

　　潜意识是受到外部环境刺激产生了心理活动后，从意识中离开，并潜藏起来的那部分。这部分意识之所以会潜藏起来，有主动的原因，也有被动的原因。总之，潜意识中的东西大多是意识不喜欢的东西。

　　无意识就是受到外部环境刺激时，根本就没有进入意识中的那部分。也就是说，发生无意识的时候，身体的反应没有经过意识的判断和加工。

　　当某个人的精神世界受到巨大挫折，对精神和意识产生巨大冲击时，大脑为了保护身体，就会把这些让人感到痛苦和折磨的事情从意识中剥离，从而隐藏在潜意识中，被称为"压抑作用"。如果这时，有外部力量进行干预，强迫他回忆起那些痛苦的经历时，意识就会产生抵抗，阻止外部力量进入潜意识之中，这种现象被称为"阻抗作用"。

鲁肃便是如此。他的内心确实有很多治国强国的策略，然而孙权刚刚从父亲和哥哥手里接管东吴，孙权有什么政治抱负、会对曹操采取什么态度，都还不明朗。假如鲁肃贸然提出屯兵抗曹、三分天下的策略，不能保证不会给自己招来杀身之祸。所以，鲁肃只能把这些东西压抑起来，藏在潜意识中。

也就是说，潜意识类似电脑的加密文件夹，里面藏着很多意识的秘密，不想被他人发现。但这些秘密没有消失，也不会被忘记，只是暂时被藏了起来。

意识松懈时易吐真言

然而，被压抑的情感和经历都不能永远藏在潜意识之中，它们一直在寻找合适的机会，重新进入意识，给人们带来痛苦。

奥地利精神病医生、心理学家、精神分析学派创始人弗洛伊德有一个"弗洛伊德口误规则"的理论。弗洛伊德认为，我们日常生活中经常发生的口误，其实就是潜意识和意识相互较量的结果。

人的意识世界就仿佛漂浮在海上的冰山，清醒意识是冰山上露出海面的一点点，而隐藏在水面以下的巨大部分就是潜意识。

口误并不是真正意义上的错误，而是我们内心的真实想法。只不过这种真实想法与现实世界的情况相违背，不得不被意识压抑起来。当意识松懈时，潜意识里的代表某个人的真实想法，就会进入意识中，表现出来就是口误。

比如上课铃声响了之后，班长喊"起立"，有的时候会喊成"下课"，就是这个道理。

除了口误，意识也会因一些人为活动而松懈，比如饮酒。人体在摄入大量酒精之后，意识对于那些平时被抑制在潜意识里的信息的阻抗作用降低，被抑制的信息就会流入意识之中，并通过行为和语言表现出来。这就是酒后吐真言的心理学原理。

同样的，当人们处于催眠和睡梦中时，易说出和平时完全相反的想法，也是潜意识里的信息通过梦的形式出现在意识中。

这就不难理解，为什么鲁肃不喝酒时，一句话也不说，嘴巴很牢；而喝了酒之后，就把心里的真实想法全都吐露了。

从兴趣爱好了解他人的内在动机

《论语》中说："知之者不如好之者，好之者不如乐之者。"意思就是说，懂得学习的人不如喜爱学习的人；喜爱学习的人不如以学习为乐的人。

由此可见，无论做什么事情，兴趣都是最好的老师，也是最初的原动力。

嵇康与阮籍：琴音识贤臣

在三国曹魏时期，有一位名臣名叫嵇康，他是著名的竹林七贤之一，以其卓越的音乐造诣和高尚的品格为人所称颂。

嵇康不仅擅长演奏古琴，还创作了许多流传后世的琴曲，如《广陵散》等。他的音乐作品，都反映了他的内在性格和人生态度。嵇康淡泊名利，崇尚自然，不畏权势，坚守个人信念。

与此同时，还有一位与嵇康齐名的贤臣，名叫阮籍，他同样是竹林七贤之一，且对音乐有着极高的领悟。阮籍嗜好饮酒，且长于诗歌，他的放达与疏狂背后，是对社会现实的深刻洞察和对个人品格的坚守。

一次，二人在竹林中相聚，嵇康抚琴，阮籍听音。

嵇康身着布衣，手持瑶琴，席地而坐，琴音起初清雅峻峭，如流水在山林间潺潺流动，而后如泣如诉，仿佛在讲述他那颗独立不羁、坚韧不屈的心。

而阮籍在琴音中感受到了嵇康的高洁志向与淡泊心态，他叹道："康兄琴艺卓绝，闻者无不感怀。此曲正如我心中所悟，乱世浮华背后，唯有独立之人格，方能显其峻骨英姿。"

两个人相视一笑，举杯共饮。酒酣之际，阮籍便以诗句和琴音，二人高山流水遇知音。

嵇康听罢，拊掌称赞："籍弟诗意深邃，恰似你的诗酒生涯，于苦涩中咀嚼真理，于困境中坚持本真，实乃我辈楷模！"

兴趣是最好的老师

明末清初的思想家顾炎武曾经说："以兴趣始，以毅力终。"也就是说，我们做任何事情的时候，大多是从兴趣开始的。而反过来，从一个人的兴趣也可以看出他的为人。

《广陵散》不仅是一首古代著名的琴曲，更是嵇康个人品质和精神风貌的象征；不仅展现了嵇康的音乐天赋，更体现了嵇康的人格魅力和精神品质。

嵇康崇尚自然，反对矫饰，主张"越名教而任自然"，追求真实无伪的生活态度。在面对司马氏政权的高压和专制时，嵇康坚决不与之同流合污，不畏强权。

兴趣是人的活动的内在动机

在心理学上，兴趣并不仅仅是对某个东西感兴趣，而是一种对外界事物进行探究的心理倾向，包含着对外界事物的深入理解的需要，以及探求事物背后蕴含的真理的动机。

就是因为这样，人们才会对感兴趣的东西表现出很强的积极性，有的时候还会产生某种特定的情绪连接或情感体验。

兴趣是引起和维持人对某种事物的注意力的重要因素。这也是很多人对自己感兴趣的事情总会孜孜不倦，不会感到疲惫；而对不感兴趣的东西，哪怕看一眼都会感到烦躁和无聊的原因。因为兴趣是一种令人充满积极性的动机，在探究的过程中，变成了精神动力。

另一方面，一个人对某种事物产生特殊需求的时候，才会产生兴趣。正如嵇康爱抚琴，抚琴能够带给他与世隔绝般的平静，他的艺术创作也充分体现了他独立不羁、淡泊名利的内在性格。

发生认知论的创立者皮亚杰认为，兴趣是个人需求的延伸，表现为某个特定的兴趣对象能满足我们特定的需求。

从这两点，我们很容易推论出，兴趣是人主动探究的，并且能够满足他特定的需求。所以，假如知道了某个人的兴趣，就可以了解他内在的动机和需要，就能推断他是一个什么样的人。

从兴趣看人品

兴趣分成很多种，有物质兴趣和精神兴趣、短暂兴趣和长期兴趣，积极兴趣和消极兴趣、低级兴趣和高雅兴趣等。

认识一个人，除了要警惕外貌引发的"首因效应"之外，还要注意了解他的兴趣爱好。长期的、持续的兴趣能体现某个人的生活习惯和生活需求。

比如，长期坚持运动的人，大多是自律的人；一个总是说减肥，却没有付诸行动的人，大概率是个自制力很差的人。再如，喜欢看新闻类报纸、杂志的人，善于接受新事物；而喜欢看时装杂志的人，思想独立，讲究品位，注重自己在他人心中的形象；喜欢读诗歌的人大多感情细腻，多愁善感。

总之，兴趣和神态、言行一样，都是一个人内在品质的外在表现。想要了解一个人，光看外表是不行的，看清内在才是了解其本质的关键。

态度体现着人的情感、行为和认知

明代的徐阶扳倒严嵩，独揽首辅大权之后，写了一句话：以威福还主上，以政务还诸司，以用舍刑赏还公论。

当一个人身居高位时，更需要端正态度，做出效益，才能获得领导更多的信任。

鳌拜：恃功而骄，态度定成败

1661 年，清朝顺治皇帝去世，立下遗诏传位于皇三子玄烨，并安排索尼、苏克萨哈、遏必隆、鳌拜为辅政大臣。鳌拜当上辅政大臣之后，仗着自己资格老、军功高，日益骄横。

索尼在康熙年满十四岁时，提出遵从顺治皇帝的亲政先例，让康熙亲政。"世祖章皇帝亦于十四岁亲政，今主上年德相符，天下事务总揽裕如，恳切奏请。"几个月后，索尼病逝，苏克萨哈也上疏解除辅政大臣的职务，去守护顺治陵墓。苏克萨哈的意思很明显，遏必隆和鳌拜应该同自己一样辞职。

但鳌拜不想就这样交出自己的权力，于是命人伪造了苏克萨哈二十四项大罪，向康熙提出应该把苏克萨哈凌迟处死。康熙拒绝了，鳌拜竟然接连好几天撸袖子觐见，这一举动震惊了朝廷，所有大臣都不敢出声。康熙迫于无奈，只好下令把苏克萨哈处以绞刑，诛灭全族。

苏克萨哈一死，鳌拜完全不担心遏必隆，于是在朝廷里越发骄纵，对康熙也是一点儿都不放在眼里。他把持朝政，任意行使皇帝的权威，严重侵犯了康熙的权力。于是，康熙决定铲除鳌拜集团。

康熙不动声色，在皇宫挑选了一批身强力壮的贵族子弟，整天和他们一起练习摔跤。鳌拜看到了，以为康熙沉迷嬉戏，内心暗喜。

1669年5月，康熙借故把鳌拜的亲信们派往外地公干，然后暗地命令自己的亲信控制京城的卫戍权。准备周全之后，康熙召鳌拜进宫。鳌拜出入皇宫如出入无人之地，已经习惯了，所以不足为奇。等到他进入宫殿，康熙一声令下，十几个训练有素的侍卫齐上，鳌拜只得束手就擒。

接下来的事情就简单了，经过一番审讯，罗列鳌拜的三十条罪状，应当斩立决。鳌拜请求觐见康熙，露出身上因作战而留下的伤痕。康熙念在他有战功的分上，对他宽大处理，免除死罪，只把他囚禁起来。

态度是主观的主张

鳌拜之所以走上这条不归路，其实是由于他的态度和所处地位出现了偏差。就像康熙说的那样，鳌拜除了专权之外，并没有弑主谋反。这说明至少在鳌拜心里，他对康熙的身份还是承认的，只是恃功而骄。

从鳌拜的经历不难发现，一个人在职场中对领导和同事的态度，决定了职场之路能走多远。

在心理学上，态度指的是对外界事物的评价性的反应，并且通过人的信念、情感表现出来。而行为主义心理学家认为，态度更像是一种心理和神经的准备状态，是通过习得的经验组织起来的。

无论心理学家对态度做了怎样的定义，态度都是我们内心深处对外界事物的动机、感知和认知过程的判断。也就是说，态度会随着所处环境和人际关系的变化而变化。

就像鳌拜，当他跟随皇太极打江山的时候，由于皇太极手腕强硬，鳌拜即使战功赫赫，也是老老实实的。可是到了康熙即位，朝堂发生了翻天覆地的变化，老一辈的将领们和大臣们死的死，退的退，只剩鳌拜站在了权力的高处，于是他的认知发生了变化。

总之，鳌拜在"职场"中的态度，决定了他势必会走向失败。

态度的三种构成

心理学家迈尔斯认为，在心理学上，态度的构成涉及三个维度，分别是情感、行为意向和认知。

情感构成很好理解，指的是一个人对某个事物产生态度时，连带着的情感体验和表现。比如鳌拜独揽大权之后，对康熙皇帝的态度产生了变化。在情感上表现得最明显，他认为康熙只是十几岁的孩子，而自己在战场厮杀，战功赫赫，非常不甘心屈居于一个小孩子手下。于是，对康熙就出现了傲慢、轻视等负面的态度。

行为意向构成是指一个人对于发生态度的对象产生的反应倾向，行为的准备状态以及已经做出的行为。由此可见，行为意向包含了三种情况：一种是心理上的倾向；另一种是即将做出但还未做出的准备动作；最后一种是已经产生的行为。

认知构成指的是一个人对发生态度的对象说的话、做的事，以及想法的评价。这种评价的内容体现了对态度对象的认知、理解、怀疑等一系列意识倾向。

从康熙智擒鳌拜不难发现，康熙通过鳌拜"傲慢"的情感、"撸袖子觐见"的行为以及把自己看成顽劣孩子三个方面的表现，看出鳌拜的态度已经发生变化，不再是之前忠心耿耿的家臣，而是变成了影响朝廷稳定的蛀虫。

所以，康熙决定将他铲除，以便夺回朝政大权。

职场人要善于利用态度

在职场中，表现不同的态度是获取利益的有效方式。

态度有很强的适应性功能，具体表现在职场人想要获得领导的赏识和赞许，就需要形成与领导要求一致，并且和奖励制度相融洽的态度，避免自己的态度与惩罚产生关联。这种态度的适应性，能保证职场人始终规避风险，寻找最合适的时机和途径，达成自己的目的。

当然，态度的适应性并不是让我们谄媚逢迎。端正的态度能让我们在待人接物、为人处世时不卑不亢，使我们始终保持清醒，这样才能在决策的时候，不发生错误。这种态度引发的定向行为有助于我们在揣摩领导的态度的同时，还能坚持自己的原则。

只要能利用好态度的适应性和认知两个功能，即使在团队中坐到鳌拜那样的高位，也能很好地完成领导交代的事情，不僭越、不逾矩，让领导信任。

领导者要善于引导下属的态度

作为团队的领导者，时时关注下属的态度变化，对于团队的建设和效益的增长，同样有很大的帮助。

研究发现，奖励制度对于一个人态度的变化有很大影响。所以领导者在带领团队攻坚克难的过程中，要适时地描绘宏伟目标，设定奖励机制，这样才能激发团队成员的积极性。

此外，团队氛围以及团队中的人际关系建设，也影响着成员态度的变化。因为很多人都具有从众性，也就是无意识地遵循身边的人的看法、观点、意见等，这些心理的形成就是在构建态度。领导者应引领团队的风向，以影响个人对待团队和工作的态度，这样能很好地创建团队共同意识，提高凝聚力。

团队的凝聚力提高了，拥有了统一的意识和目标，提高效益、做出业绩就变得很简单了。

第三章　看透心理防御机制，懂心才能攻心

 开诚布公才能消除疑虑防御

明代著名思想家、理学家薛瑄曾经在《薛文清公全集》里说："惟诚可以破天下之伪，惟实可以破天下之虚。"

在社会交往活动中，无论面对什么样的人，无论面对怎样复杂的情景，只有真诚和实在，才能破除伪装和虚伪，赢得别人的尊重。

苏秦：游说六国，挂六国相印

战国时期，秦国依靠着商鞅变法，从诸国中崛起，成为当时最强的几个国家之一。秦国野心勃勃，想要东进吞并其他小国。齐、楚、韩、燕、赵、魏六国人心惶惶。

公元前334年，师从鬼谷子学会了纵横之术的苏秦来到了燕国觐见燕文侯。此时，苏秦的心里酝酿着一个庞大的对抗秦国的计划。见到燕文侯之后，苏秦开诚布公，先从地理位置的角度分析了燕赵

两国唇齿相依的关系，然后提出了燕国的外交策略，最后说服燕文侯联合赵国抗秦。

燕文侯被苏秦的真诚和辩才折服，于是委托他出使赵国。

苏秦到了赵国见到赵肃侯，并没有绕弯子，而是直截了当地提出了六国联合共同抵抗秦国的主张。赵肃侯也采纳了苏秦的"合纵之法"，还资助他游说各诸侯国加盟。

随后，苏秦接连出使了韩国、魏国、齐国和楚国，逐一分析了四个国家独自对抗秦国的坏处，以及联合抗秦的优势，四国诸侯纷纷被说服，约定加入合纵联盟。

至此，苏秦完成了一生中最伟大的功绩，赵国成了联盟霸主，而苏秦也成了合纵联盟的联盟长，挂六国相印。

心理防御机制

历史记载的苏秦游说六国的过程只有只言片语，没有详细记录苏秦遇到的困难以及是如何解决的。

然而我们可以从心理学的角度，一窥苏秦游说的艰难。

想要说服对方，尤其是在对方不利甚至有威胁的情境下去说服他，是一件很难的事。因为每个人的内心都有一层屏障，叫作心理防御机制。

所谓心理防御机制，是指当一个人面临挫折、冲突等紧张情境时，会主动或者下意识地从烦恼中解脱出来，以此减轻内心的不安和紧张，将自己的心理状态恢复到正常水平。这种因外界环境变化而发生的适应性的心理倾向就叫作心理防御机制。

心理防御机制能在我们遇到难以克服的困难时，帮助我们维持心理水平的稳定，甚至有的时候还能激发出能动性，主动克服困难，消除消极影响。

可想而知，当苏秦对赵肃侯说，如果不和燕国联合对抗秦国，赵国将会有怎样的悲惨结局时，赵肃侯有什么样的心理变化。他首先会对苏秦的这种说法产生抗拒，然后在心理防御机制的作用下，认为苏秦是在危言耸听，或者把心里意识到的苏秦提到的最惨结果压抑起来，隐藏在潜意识之中，不去想它，以此来逃避内心的不安和恐惧。

而赵肃侯的这两种反应就是典型的否认和压抑。

否认是当一个人面对难以接受的现实时，会不由自主地否认它的存在或真实性，这样做的目的是摆脱焦虑的情绪，使自己能够继续正常生活。

压抑是把一个人所不能接受的或具有威胁性的、痛苦的信息，从意识中排除，抑制到潜意识里。鲁肃把治国之道藏在心里，轻易不说，也属于这种防御机制。压抑属于一种动机性的遗忘，也就是个体主动的、带有明确目的的遗忘。

除了否认和压抑这两种反应之外，常见的心理防御机制还有很多种类型，比如投射、转移、退行、升华等。

无论是哪一种防御机制，实际上都是意识的自我保护行为。这是人类在和大自然作斗争的过程中慢慢形成的。

每个人都有心理防御机制，有意无意地运用这种机制，来让自己获得一种安全的生存环境和心理环境。

开诚布公，可以结而无隙

然而，心理防御机制并不是只有被动的防御，一旦一个人过度防御，就相当于把自己关进了心理监牢，从而无法彻底放开自己的内心，久而久之，原始的心理防御就可能孕育出进攻和暴力的倾向，对外表现出来的可能就是言语带有攻击性、性格高傲或自卑。

而对于被苏秦游说的六国诸侯来说，一旦他们产生过度的心理防御，唯一的结果就是苏秦被杀害。

苏秦当然也知道这种悲惨结局，但他仍然义无反顾地出使六国，因为他有一样无坚不摧的武器——开诚布公。

《鬼谷子·谋篇》中写道："计谋之用，公不如私，私不如结，结而无隙者也。"意思是说，使用计谋，公开使用不如私下使用，私下使用不如缔结盟约，只有缔结盟约才能开诚布公，亲密无间。

战国末期，不仅七国之间有各种各样的矛盾，而且七国各国的内部也是错综复杂。更何况他们被秦国打怕了，一想到要主动和秦国对抗就吓得全身发抖。其中尤其以韩、赵、魏三国最甚，因为韩、赵、魏直接和秦国接壤，位于秦国的东边，是秦国进军中原的屏障。

一旦被秦国知道韩、赵、魏合纵联盟，首先就会成为秦国进攻的目标。

在这种情况下，想要让矛盾重重的六国联合起来，并不是简单的事。

而苏秦正是使用诚意和诚心，瓦解了六国诸侯的心理防御，消除了他们内心的疑虑，让他们抛弃相互之间的仇怨，共同抵抗狼子野心的秦国。

我们总说，和气生财。"和"的表面意思是和平、和气、和顺，但要做到这三点，诚实才是最本质的。如果没有诚意和诚实，哪来的和平、和气、和顺呢？

开诚布公可以轻松卸掉对方的心理防线，在商业谈判、法庭辩论中都可以占据主导地位，甚至有的时候可以不战而屈人之兵。

用心理战瓦解对方的心理防线

孙子在兵法中提出：知彼知己，百战不殆。

通过分析对方当下的行为和心理，就可以预测他未来的行动和心理，甚至影响和控制对方。这种心理战术在人际关系、商业竞争中有着广泛的应用。

诸葛亮：空城退敌，化险为夷

公元228年，蜀汉和魏国爆发了战争。诸葛亮派马谡守卫街亭这个战略要地，没想到马谡是个"银样镴枪头"，致使街亭失守。魏国的司马懿率领十五万魏国大军，向着蜀汉的西城而来。此时的西城兵力空虚，内无充足的守军，外无援助。一时间，城里的人都慌了神。

诸葛亮看着一批文官和手无寸铁的百姓，无论是主动出击作战还是守城，都很难应付司马懿的大军。大臣们都劝说诸葛亮赶紧逃跑，诸葛亮却气定神闲地对大家说："别慌，只要按照我说的去做，保准化险为夷。"大家看着诸葛亮胸有成竹的样子，知道他一定有办法，心里便有了底。

接下来，诸葛亮紧急部署，命令守卫城墙的士兵拔掉所有的旌旗，撤下全部的守城兵械，只留几个士兵在城墙上巡逻。然后，又下令士兵把城池的东、南、西、北四个城门全部打开，装扮成普通百姓在城门口打扫卫生。

大家不明所以，但都不敢多问，只能按照诸葛亮说的去做。最后，诸葛亮自己带着小书童，抱着琴登上城门楼。诸葛亮披上鹤氅，戴上高高的纶巾，坐在琴后边，慢悠悠地弹了起来。

不一会儿，司马懿带领魏军来到城门前，看到这种阵势，所有将士都很吃惊。司马懿观察了一会儿，命人骑马绕着城墙跑了一圈，士兵回来报告说，四个城门都打开了，没有看到一兵一卒，只有老百姓在门前打扫。

司马懿的二儿子司马昭见到这种情况，大喜过望，对司马懿说："我带一队人马冲进城去！"却被司马懿拦了下来，他一眼就看穿了诸葛亮的计谋，下令全军不许轻举妄动，又观察了一会儿，最终下令退军。

司马昭不懂，追问道："您为什么要退兵呢？我看诸葛亮是故弄玄虚，城里已经没有士兵了。"

司马懿却说，这是诸葛亮诱敌深入的计谋，表面上是空城，其实城内早已经部署了伏军，只要进去，就一定会中埋伏。

就这样，诸葛亮靠着一座空城，吓退了司马懿十几万大军。

揣摩对方的心理，才能占得先机

诸葛亮的空城计之所以能成功，是因为他太了解司马懿了，从心理上瓦解了司马懿的防线，从而轻松吓退了他。这得益于诸葛亮利用了司马懿对自身安全的担忧。诸葛亮深知司马懿率领大军前来，肩负着曹魏的重任，虽然表面上西城看似空虚，但内里有什么埋伏，司马懿并不知道。并且，诸葛亮在城门上气定神闲地弹琴，也让司马懿产生了怀疑。于是，司马懿的内心形成了"进攻一座看似空城的风险远大于可能的收益"的想法。

诸葛亮料定此次司马懿出征，只求稳步前进，不肯冒险损失魏国大军，不然他在魏国的地位就不保了，所以诸葛亮才敢使出空城计。

此外，诸葛亮摸透了司马懿的内心，司马懿自视甚高，自认为聪明才智比诸葛亮强。当诸葛亮在城门上弹琴时，司马懿在城外犹豫不决，会让司马懿有一种自己已经被诸葛亮看穿的感觉，以至于司马懿的自尊心被击垮。

总之，诸葛亮之所以肯定司马懿不敢进攻，实际上在此之前已经摸透了司马懿的心理，通过心理战术，诸葛亮成功地化解了危机。

占得先机，使用心理战进攻

诸葛亮是洞悉人心的高手，能运用心理战为自己在战争中谋取最大的利益。

什么是心理战呢？就是在战争、商业竞争、商业谈判、职场竞争中，通过对敌人的心理进行攻击的方式，瓦解对方意志，从而取得竞争主动权和胜利的方法。

心理战最重要的就是向对方施加心理影响和心理刺激，就像面对司马懿十几万大军压境，西城内部空虚的情况，诸葛亮首先镇定自若，稳定了军心，同时通过威慑、诱导的手段，让本来占据优势的司马懿从气势上先输了一筹，从而轻松操控了整个战局的走向。

除了诸葛亮的威吓和诱导，心理战还有很多种方法，包括渗透分化、伪装欺骗、感情伤害、暗示诱导等。

渗透分化借助情报的传递和截停，将心理干预的信息渗透到竞争团队内部，进而对竞争团队中的每一个个体造成影响和分化。在商业竞争中，这一招经常被用在两个公司争夺市场的过程中。

面对司马懿的大军时，诸葛亮通过伪装欺骗、暗示诱导等方式，让司马懿相信城里有埋伏、有倚仗。

诸葛亮这种强大的心理战的战术和方法，不损失一兵一卒，就能为自己争取更大的利益、更盛的名誉，值得我们在职场竞争、商业竞争中效仿。

善于造势，攻心术要顺势而为

王阳明曾经说："破山中贼易，破心中贼难。"意思就是说，战胜山上的强盗很简单，但想要战胜内心的虚伪、迷惘、无知等却很难。

由此可见，无论做任何事情，实际上都是在使用攻心术，对敌人是这样，对自己同样如此。

王阳明：用兵如神，平定宁王叛乱

正德十四年（1519），宁王朱宸濠聚集十万大军准备在南昌发动叛乱。消息很快传到了北京，朝野震惊。当时担任兵部尚书的王琼听了，一脸满不在意，自信地对皇帝说："王伯安就在江西，有他在，肯定能捉拿叛贼。"

伯安是王阳明的字。当时王阳明正准备启程去福建平定叛乱，走到吉安和南昌之间的丰城时，听到了宁王造反的消息，于是立即赶往吉安。但是，他在江西境内打败了盗贼之后，已将兵符上交朝廷，此时手中没有一兵一卒。

怎么对抗宁王呢？王阳明决定采用攻心的方法智取。

王阳明想到一旦宁王攻下南京，朝廷就会陷入被动的局面。于是，他一边积极准备召集义兵，动员江西各地的官员备战，一边想了一个疑兵之计。他派人在南昌城里到处张贴告示，说朝廷派了地方兵和中央军总共八万人来剿匪，并且自己在江西征集了八万军队，合起来总共十六万兵力，准备守卫南昌城。

为了让这场戏看起来更真，王阳明又偷偷写了封信给宁王的两个丞相李士实、刘养正，让他们劝说宁王发兵攻打南京。紧接着，王阳明又命人把这个消息透露给宁王。果然，李士实和刘养正收到信，赶紧告诉了宁王。宁王怀疑李士实和刘养正是敌人的奸细，没有听他们俩的建议，按兵不动。

过了十多天，宁王通过侦察发现朝廷根本就没有派兵过来，气得胡子和眉毛都跳起来了。随后，宁王发兵攻打九江，逼近安庆府，意图攻打南京。

此时，王阳明已经组建了八万军队，手下建议他立即去安庆阻击宁王。但王阳明另有打算，他自知自己的八万军队是仓促组建起来的，和宁王军队的战斗力比起来差远了，不如进攻宁王的老巢南昌，来一个"围魏救赵"。

果不其然，宁王倾巢而出，南昌留守空虚。正准备进攻南京的宁王听到王阳明攻打南昌，立即回兵救援，双方在鄱阳湖相遇。由于宁王的军队长途奔袭，而王阳明守株待兔，无论是士气还是战斗力，王阳明的军队都胜了一筹。经过三天激战，宁王战败被俘。

善于造势，方为智者

王阳明平定宁王叛乱只是他光辉事迹中的一抹而已，自从龙场悟道以来，纵观他一生中的大小战斗，可以说把"兵不厌诈"用到了极致。所以后世评论王阳明的军事之道，常用到"诡诈"两个字。

无论是赣南平叛，还是平定宁王之乱，王阳明都创造了以少胜多、以弱胜强的奇迹。仔细分析王阳明的战争智慧，会发现他很懂得把握人心，也就是所谓的攻心术。

王阳明听说宁王叛乱之后，第一时间就对宁王和眼下的局势做了缜密分析，双方兵力悬殊，唯一取胜的办法就是攻心，在南昌大肆造势，从心理层面将宁王士兵击败。

当然，善于攻心的王阳明也并不只是攻心。毕竟，没有几个人能真正做到不战而屈人之兵，更何况面对的是造反的叛贼。为了万无一失，王阳明也在积极筹备，一方面联系地方军队勤王；另一方面打探局势，获取最新消息。

由此可见，攻心是心理层面的手段，但想要成功，必须也得建立自己的客观优势。

以现实生活为例，无论是职场，还是商场，只要是面对竞争和对抗的境况，都需要攻心术和客观优势共同作用。客观优势包括自己的团队优势、技术力量、外部的合作伙伴、信息来源的渠道等。

只有攻心术和外部客观优势相互配合，才能在竞争中无往而不利。

攻心术也要顺势而为

真正强大的人不仅要懂得造势和攻心术，也要懂得顺势而为。

顺势而为，其本质不是把对手牢牢控制在自己手里，否则，容易在自己内心深处造成一种"对手很弱""一切尽在掌控"的错觉，从而掉以轻心，给对手可乘之机。

顺势而为，应该是倚仗自己目前的外在客观优势，顺着对手的思路，搜集更多的信息，帮助自己全面了解对手的动向，从而发现对手的漏洞。

宁王带兵攻打安庆时，王阳明并没有去阻止，而是认真分析局势，发现了南昌城守备空虚的情况，然后带兵攻打南昌，逼迫宁王主动放弃攻打安庆，转过头来救援自己的老巢。

王阳明这一招就是造势，通过攻心以纵敌，然后分析局势的发展，在合适的时机擒敌。

攻心术最高的境界被王阳明玩得明明白白，攻心的目的是扰乱敌人的部署，趁机捉住他的七寸，然后一招毙敌。

这就是王阳明战争哲学中的关键，奇正相生，顺势而为，用兵如神，神鬼莫测。

用攻心术扭转乾坤

身处复杂的社会之中，竞争无处不在，想要为自己获取可观的利益和地位，掌握攻心术是十分必要的。

毕竟，无论是在职场中争夺晋升机会，还是在商场中争夺客户和市场，甚至是上学时争夺保送名额和奖学金，不难发现，被争夺的东西都是稀缺资源，而且竞争对手特别多。

竞争大多是"僧多粥少"的局面，使用攻心术就可以很好地改变局势，不仅不会对自己造成任何伤害，付出的成本还是最小的。

只需要动动脑子，分析好局势，把握住各方的心理，就能扭转乾坤。当然，想要达到这个目的的前提是自身具备很强的实力。在实力和攻心术相匹配的时候，你就可以无往而不利了。

用攻心计说服谈判对手

《三国志·蜀书·马谡传》中有一句话："用兵之道，攻心为上，攻城为下；心战为上，兵战为下。"意思是，战争的最高境界不是用强大的武力去打败敌人，而是使用攻心计，从心理上瓦解敌人的防线。

项羽：四面楚歌，兵败垓下

公元前 202 年，韩信率领三十万大军分成五路，将项羽率领的十万楚军包围在垓下（今安徽灵璧南）这个地方。韩信采用诱敌深入的作战策略，先利用前军诈败，然后带领士兵后撤，与此同时，命令左、右翼军包抄楚军后部步军。楚军在逃到垓下的过程中，一直被汉军追击，士兵本来就很疲惫，又被韩信这么一搞，楚军顿时乱成一团。

项羽见势不妙，下令剩余的将士退回壁垒坚守不出。汉军则在外围将楚军团团包围，不给他们任何突围的机会。楚军此时已经兵疲食尽，完全靠着毅力在坚守。

楚军的境况不好，但汉军也毫无办法，这让刘邦非常着急。此时，张良给刘邦出了个主意。楚军跟随项羽千里迢迢从南方故地来北方，从反抗秦朝开始一直在外作战，从没有回过家，想必士兵现在对家乡和亲人十分思念。既然强攻没有效果，不如采用攻心计。

到了晚上，楚军正在大营内休息，忽然听到外面传来了唱歌的声音。仔细一听，是包围他们的汉军在唱歌，唱的竟然还是楚国的歌。听到久违的故国歌曲，楚军将士以为家乡也被汉军占领了，大家的心理防线顿时瓦解，忍不住流下眼泪，失去了斗志。

项羽见情况不妙，立即召集八百勇士突围，和汉军一阵拼杀之后，等到突出重围，逃到乌江边的时候，身边只剩二十八人。

汉军杀到，项羽拼死一战，最终不敌，在乌江边自刎而死。

要想在两方对峙中胜出，需要先了解对手

项羽的战斗力是不容置疑的，从他起义开始，几乎是战无不胜、攻无不克，所以才会从一个小兵升到了义军统领的地位。而反观刘邦，只是沛县一个小小的亭长，没有什么战争经验，个人武力也是弱得不能再弱。

刘邦之所以能打败项羽，是因为刘邦拿捏住了项羽和楚军的心

理动态。再往远了说，鸿门宴的时候，刘邦和张良之所以敢去赴宴，同样也是完全清楚项羽的性格和为人，通过心理战最终确保自己全身而退。

在两次关键对峙的局面中，刘邦都能获胜的关键就在于他了解项羽是一个什么样的对手。

反过来再看项羽的失败，其实从鸿门宴的时候就已经有了定局。刘邦是表演高手，在鸿门宴上一番声泪俱下，让项羽误认为刘邦真的忠心耿耿，没有二心。哪怕亚父范增再三提示，项羽都不为所动。这是因为项羽只看到表象，并没有在心理层面对刘邦进行剖析。因此，刘邦逃过一劫。

而接下来，楚汉缔结盟约之后，耿直的项羽以为从此天下太平，立即引兵东归，却不承想刘邦会从背后放冷箭，最后招致兵败身殒。

两方对峙的情况不仅会出现在军事战斗中，在日常生活中也有很多。获胜的关键是了解对手。比如想要在商业谈判中占得优势，尽可能扩大自己的利益；想要在教育孩子的时候快速说服孩子，听从自己的建议。

谈判对手的种类

谈判心理学将谈判对象称为"对手"，按照对手的心理特点，将他们分成不同的类型。谈判时，要针对不同对手的特点，分别采取不同的攻心策略，才有可能保证谈判成功。

1. 以自我为中心的对手。这种对手想要随时随地都比别人优越，以实现自我满足。面对这样的对手时，应该尽量尊重他的需求，不要伤害他的自尊心。在此基础上，再慢慢说服他接受你的需求。

2. 倔强型对手。这种对手非常固执，想要说服他改变自己的观点是很困难的。面对这样的对手，千万不要一上来就用自己的观点驳斥他，应该先释放好感和耐心，绕过他固执的观点，用迂回的方式说服他。

3. 脆弱型对手。这种对手的自尊心比较强，表面会表现得非常果敢和强硬，然而外表只不过是一种伪装。面对这样的对手，千万不要碰触他的底线，一旦他的伪装被戳破，就会变得非常偏激。应该多倾听，小心维护他的自尊，重视他的地位。

4. 胡侃型对手。这种对手是个话痨，喜欢抬杠。一秒钟不说话就会变得很烦躁，心里不安稳。他喜欢辩论，并且以把对方驳倒为乐。面对这种对手，不能表现得很厌烦，要有足够的耐心，从他的言行举止中找出破绽，刺破他的内心防线。

5. 冷漠型对手。这种对手对任何事情都漠不关心，因为他的原则是不想和谈判人员有任何关系。面对这样的对手，谈判态度是关键，不能生硬，也不能刻意热情。在自信的基础上，像对待平常人一样对待他。

6. 喜欢伪装的对手。这种对手喜欢装作什么都知道，以此来显示自己无所不知。但实际上，他对于自己不懂装懂的行为可能完全不了解。如果和这类人谈判，用道理和他辩论是禁忌。一旦戳破他的伪装，他就会爆发。

7. 编造事实的对手。这种对手也很擅长伪装，因为不想让别人识破自己的真实意图。他非常讨厌向谈判者透露内心所想，因为他害怕被人看穿。遇到这种对手，不能戳破他的伪装，要顺着他的意图来，慢慢从编造的故事中找到蛛丝马迹。

8. 沉默型对手。这种对手的反抗意识很强，并且采用了沉默来对抗。一旦他陷入沉默，我们就很难获得任何语言信息。此时应该仔细观察他的神态、肢体动作，且不能用沉默对抗沉默，而是应该保持"喋喋不休"，这样就能干扰他的心理活动。

9. 冲动型对手。这种对手有很强的好奇心，容易激动，做事情三分钟热度。面对这种对手，我们千万不能打持久战，应该迅速从他的兴趣入手，用最短的时间突破其心理防线。

总之，无论在什么情境之中，谈判的目的都是说服对手，而说服对手的前提是了解对手的心理特点，进而以心为突破口，瓦解他的防御。

主动道歉是和睦相处的开端

《增广贤文》中有一句话，叫"忍一时风平浪静，退一步雨过天晴"。后来，这句话演变成"忍一时风平浪静，退一步海阔天空"。

无论怎么表述，这句话的意思始终没有变。表面看起来是劝人忍让和道歉，实际上蕴含着极大的智慧。

廉颇与蔺相如：将相失和，负荆请罪

战国时期，赵国有两个了不起的人，号称赵国双雄，有了他们两个人，秦国就不敢欺负赵国。这两个人就是廉颇和蔺相如。

廉颇是赵国的将军，和白起、王翦、李牧并称"战国四大名将"。因为在对抗齐国的战争中，战功赫赫，所以被赵惠文王封为左上卿。

而蔺相如的出身显得很不起眼，原本是赵国宦官缪贤的门客，后来得到缪贤的举荐。蔺相如在"完璧归赵"和"渑池之会"两件

事情上，一再挫败秦国的阴谋，让秦王丢了脸面，为赵国赢得了尊严，于是蔺相如被封为右上卿，比廉颇还高一级。

这让廉颇内心很不服，他曾在公开场合对别人说："我是赵国的大将军，攻城略地，战功无数。他蔺相如只不过动了动嘴皮子，凭何职位在我之上？再说了，他只不过是个门客，地位如此卑贱，我为屈居在他之下而感到羞耻。"

听到廉颇这么说，赵国的官员都纷纷附和。廉颇越想越气，表示以后遇到蔺相如，一定要好好羞辱他一下。

蔺相如从别人那里听到了廉颇的话，于是请了病假不肯上朝，连着几天廉颇都见不到他。过了几天，蔺相如坐车出门，远远看到了廉颇的马车，立即对赶车人说："前面是廉颇将军的车，我们掉头，躲开他。"

不久，蔺相如害怕廉颇的事传开了，门客们纷纷来找蔺相如，其中一个人说："先生，我们从四面八方来侍奉您，是因为仰慕您高尚的品德和过人的胆魄。现在您比廉颇的职位高，为什么躲着他呢？"

蔺相如看着大家，笑着问："你们觉得廉颇将军和秦王比，哪个厉害？"门客们异口同声说："当然是秦王厉害。"蔺相如点点头说："没错，秦王如此厉害，我都敢在渑池之会上当面呵斥他，羞辱他的群臣，因为和氏璧把他耍得团团转。我连秦王都不怕，难道还会怕廉颇将军吗？你们想一想，秦国之所以不敢攻打赵国，就是因为有我和廉颇将军在。假如我们两个发生内斗，赵国不就有危难了吗？"

后来，蔺相如的话传到了廉颇的耳朵里，廉颇羞愧难当，立即脱去上衣，露出上身，背着荆条，来到蔺相如门前请罪。从此以后，二人摒弃前嫌，一起辅佐赵王治理赵国。

小矛盾瓦解凝聚力

对于团队来说，尤其是拥有共同利益的团队，大到集团，小到工作小组，和谐都是非常重要的。

一旦团队内部出现了矛盾，对团队的凝聚力就是毁灭性的打击，哪怕以后修复好了，也不可能回到最初的状态。

利益团队内部，每个人在为了团体利益努力的同时，也在争夺属于自己的利益。这就免不了在团队内部引发各种矛盾。有的人哪怕是自己的错也不主动认错，导致矛盾越积越深，最终无法调和。

正所谓"皮之不存，毛将焉附"。如果团队内部所有人都这样，团队的稳定性遭到破坏，团队也就不可能存在了。团队不存在了，作为团队的一分子也就没有了存在价值。

有的人或许会说，那我换一个团队不就行了吗？如果不改变自己，无论换多少个团队，同样的情况都会一而再，再而三地发生。

其实，解决这类团队内部矛盾最简单的办法就是道歉，退一步海阔天空。道歉并不是示弱，反而体现了自己的高风亮节，就像廉颇那样。

所以说，面对团队内部矛盾时，道歉是能收服人心的有效办法。

道歉困难症

然而，并不是所有人都能把"对不起"三个字说出口。

临床心理学家、心理学畅销书作家盖伊·温奇在"道歉"这件事上研究颇深。他认为，我们身边的很多矛盾，其实都可以用一句简单的"对不起"化解。

不过，绝大多数人似乎有道歉困难症，这类人会下意识地把道歉等同于失去尊严。假如在工作上有失误，就觉得道歉会被人认为自己很笨；假如向恋爱的对象道歉，就会觉得自己是卑微的一方；假如在团队中道歉，就会觉得自己在团队中没有话语权。

这时，人们就会认为，既然道歉会让自己的内心产生负面认知，那就避免道歉。

另外，道歉困难症患者拥有高度的情感防御机制。

情感防御类似在心理认知之外构建了一堵墙，墙外边的人永远不知道墙内人的情感状态。这种情况下，假如这类人犯了错误，就会认为道歉是对情感防御的一种威胁，会让他产生内疚感。而内疚感就像一群白蚁，能轻易摧毁整堵防御墙。一旦情感防御被摧毁，他的情绪就会失去控制，在别人面前表现出脆弱的一面，进而增加羞耻感。

让拥有道歉困难症的人道歉，会让他们陷入十分不堪的境地，他们就会更加排斥道歉。

别开生面需要诚恳的道歉

无论是团队合作，还是单打独斗，都离不开复杂的人际关系。想要在社会中获得一定地位，得到别人的尊重，合作共赢才是秘诀。

一旦合作关系遭到破坏，尤其是因为自己的失误而引发内部矛盾时，就需要以最快的速度、最小的损失去解决。而道歉是代价最小、收益最大的方式。一个诚恳的道歉，就能化解内部矛盾，让团队继续高效运作。

道歉的时候不仅需要真诚，也需要把握时机。心理学家辛西娅·弗兰兹研究发现，道歉被原谅的概率与道歉的时机之间，存在着关联。道歉太快和太慢都会导致被原谅的概率降低。由此可见，道歉的时机也很重要。

总之，懂得并善于运用主动道歉化解内部矛盾的人是拥有大智慧的人。

向上管理，从领导的需求出发

唐朝贞观年间的名臣魏征说过："直言进谏，匡正人君过失，君臣协力者为良臣也。"

当我们面对源于领导的压力和危机时，想要快速化解危机的关键就是抓住领导的根本需求。

触龙说赵太后：更爱燕后还是更爱长安君？

公元前266年，赵国的赵惠文王去世，赵孝成王即位。由于他年纪还小，由他的母亲赵太后垂帘听政。

赵太后刚刚执政不久，秦国就加紧了对赵国的侵略。赵太后打算向齐国求援，但齐王提出了一个条件，那就是让赵孝成王的弟弟长安君去齐国做人质。赵太后非常宠爱长安君，大臣们纷纷劝谏太后答应齐国的要求，但赵太后就是不肯。

过了几天，大臣触龙来觐见赵太后，此时的赵太后正在气头上。触龙小碎步走到太后面前，先抱歉地说："太后，我年纪大了，腿脚不方便，好久没来看您。这几天实在担心您的身体，就来看看您。"触龙接着又寒暄了几句，问了一些饮食起居的问题，太后的怒火稍稍缓和了一些。

触龙随后进入正题："我有个小儿子名叫舒祺，年龄小，不成才，我很宠爱他，希望他能替补黑衣卫士的空额，特意请太后答应。"

太后点了点头，问："可以，他今年多大了？"触龙小心说："十五岁了，虽然还很小，但我希望趁我入土之前，能把他托付给您。"

太后有点儿惊奇地看着触龙："你们男人也疼爱小儿子吗？"触龙点点头："我们男人疼爱小儿子比女人还要厉害呀。"太后笑了，摇摇头说："那可不一定，我们女人比男人更疼爱小儿子。"

触龙话锋一转说："可是，我觉得您疼爱燕后胜过疼爱长安君。"太后皱起眉头："你可说错了，我疼爱长安君更多。"触龙接着说："我听说父母疼爱孩子，就要为他们做长远打算。您送燕后出嫁时，拉着她哭泣。她离开以后，您每次祭祀，都祈祷说'千万不要被赶回来呀'，这不是希望她的子孙后代都做匡君吗？"

太后点点头："你说得没错。"触龙继续说："太后，您想想，从这一辈向前推三代，赵国君主的子孙里，还有继承爵位的吗？"

太后摇摇头。"不光赵国，其他诸侯国被封王封侯的后代里，还有人继承爵位吗？"太后也摇头。

触龙说："这是因为他们地位崇高但没有功绩，虽然守着丰厚的财产和爵位，但只知道挥霍，所以很难立住脚。您现在把长安君抬得太高啦！您给了他肥沃的土地和丰厚的珠宝，而没有给他立功的机会。等到您百年之后，长安君凭什么在赵国立足呢？所以，我说您疼爱燕后胜过疼爱长安君，您为燕后做长远打算，却为长安君打算得太少了。"

赵太后这才明白触龙是拐着弯劝自己答应长安君去齐国做人质。赵太后仔细考虑一下，觉得触龙说得有道理，最终答应下来。长安君去了齐国后，齐国发兵援助赵国，解决了赵国被秦国围困的危难。

揣摩领导意图，学会向上管理

触龙是善于攻心战的专家，作为下属，别的大臣都没办法说服赵太后，还免不了被她臭骂一顿。为什么偏偏触龙成功了呢？这是因为触龙抓住了领导的内心需求，做到了向上管理，让领导接受了自己的建议。

提到向上管理，很多人会误解是溜须拍马，其实不是。管理学大师德鲁克说过，你不必喜欢、崇拜或憎恨你的老板，但你必须管理他，让他为你的成效、成果和成功提供资源。

其实德鲁克的这句话，恰当地诠释了向上管理的精髓所在。所谓向上管理，就是通过各种手段让领导认同你的判断和决定，并同意拿出更多资源向你倾斜，以帮助你实现自己的目标。

简单来说，只要摸清领导的脉门，善于揣摩领导的意图，就能维持好和领导的关系，进而获取最大的资源和利益。从这个角度来看，向上管理并非阿谀奉承，而是和领导建立稳固且有效沟通的方式，实现双方的共赢。

触龙成功地说服了赵太后，在大臣中收获了钦佩。而赵太后也成功解决了赵国的难题，获得了齐国的出兵帮助，保住了国家和王权。双方都获得了各自的利益和好处。

向上管理要对领导有明确认知

向上管理，说得通俗一点儿就是让领导听下属的话。作为下属，想要完成向上管理，第一步要做的就是了解自己的领导，包括他的性格、喜好等。

一般情况下，领导可以分成以下几种类型：直爽型、老好人型、官僚型、独裁型等。每一种领导都有各自的特点，哪怕面对同一个问题，都会产生截然不同的态度和解决方式。

直爽型的领导说话直来直去，从来不会拐弯抹角，也不喜欢下属汇报时长篇大论。面对这样的领导时，我们陈述问题应简洁明了。直爽型领导不看重过程，只关注结果。向这样的领导索要资源支持，或者解决难题的时候，不要拖沓。

老好人型的领导喜欢和稀泥，谁都不得罪，他们往往管理能力比较差，常常朝令夕改，甚至造成团队的资源分配不公平。如果想从这种领导身上获取利益，就一定要把他置于某种尴尬两难的境地，从心理上攻破防线，待到他无法选择的时候，再拿出自己的方案，就能轻松说服领导了。

官僚型的领导最在意自己在下属心目中的权威形象，他们注重所谓的流程，不太关注事情的效率。所以拿着自己的方案去说服这种领导，或者向他争取资源和渠道时，要从"提升形象""提升名誉"的角度去攻破，就会事半功倍了。

独裁型的领导最难应付，他们有很强的主见，喜欢自主决策，不喜欢被别人左右。尤其是已经决定的事情，不会轻易更改，甚至刚愎自用。想要对这种类型的领导实现向上管理，难度很大。不过独裁型的领导特别在意自己决定的事情的结果，可以从这方面进行突破。

从触龙说赵太后的故事可以看出，赵太后应该属于独裁型和直爽型领导的结合体。赵太后垂帘听政，需要建立自己的威望，但她并不是真正的政治家，政治手腕没有别人高明，只能通过加强威望来控制手下的大臣。

触龙了解赵太后这种领导的特点，所以从她拒绝长安君入齐为质将会产生的后果进行突破，陈述利弊，最终攻破了赵太后的心理防线。

向上管理要维持和领导的关系

向上管理说难也难，说简单也简单，但必须注意三个重要的原则：抛开固定思维、及时沟通、有很强的同理心。

抛开固定思维，除了工作内容上的固定思维之外，最重要的就是对领导的固有认知。有些人会讨厌和排斥领导，认为领导是给自己安排任务"为难"自己的人。其实，从更高的角度看待这件事时，你会发现，领导也会被他的领导"为难"。大家都是为了自己和团队的利益而工作，领导也是如此。所以面对领导时，要抛开"受害者"的固定思维，学会和领导共情。

及时沟通十分必要，作为下属，有义务让领导知道自己的工作内容和方向，避免因信息差产生沟通不顺畅，导致在项目上出现分歧。与此同时，及时沟通，可以让领导评估工作量，及时调整和分配资源。这不就是向上管理的目的吗？

面对领导要有同理心，可以从两个方面来分析。首先，向领导汇报问题时，必须让领导做选择题而不是问答题。什么意思呢？如果想让领导给你分配更多的资源，你需要拿着不同的方案让领导选择，而不是没有任何准备，让领导帮你决定怎么做。其次，要有站在领导的角度看待问题的格局，领导每次做出决定时，不要急于反驳，要从多个方面审视和分析。通过换位思考，有助于自己了解领导的真实意图，揣摩领导的心思。

总之，身处职场，大家都是为了利益奔波的，想要获得利益最大化，资源、渠道和平台都是要从领导那里去争取的。

所以，真正了解领导的想法，做好向上管理，让领导按照自己的意图办事是获取更多资源和利益的不二法门。

第四章 交往之道，交人交心

 懂得包容，退让一步更有效

《尚书·周书·君陈》中有一句话："必有忍，其乃有济；有容，德乃大。"意思是说，人一定要有所忍耐，事情才能成功；人要有所包容，德行才能高尚。这也是"有容乃大"这个成语的由来。

古往今来，宽容仁厚的人，往往最终都能获得自己想要的东西，甚至比动用任何手段都更容易达到名利双收。

严讷：宽容待人，迂回拆迁

相传，明朝时有一位宰相叫严讷。他打算为自己建造一所大宅子，于是让风水先生到处看，终于选中了一块风水宝地。然而选好地址之后，他发现在这块宝地旁边，有一户卖豆腐和酒的小店，当不当正不正，正好占据了规划的一部分。如果想要建宅子，就必须把这家店挪走。

严讷让管家去和这家人商量，高价买他的小店。店主在这里开店已经很久了，街坊邻居都熟悉，经常来他这里买东西，因此并不想搬走。

管家把这事告诉严讷，严讷也毫无办法，如果这家店不挪走，宅子就建不成了。管家看到老爷发愁，恶狠狠地说："大人，这家人不识好歹，不如好好教训他们一下，给他们点儿颜色瞧瞧，逼他们卖房。"

严讷听了摆摆手说："你这不是仗势欺人吗？他们失去了谋生的店面，以后怎么生活呢？"

就这样过去了好几天，严讷也没想到好办法，于是对管家说："这样吧，你们先开工，先建造另外三面。"

管家挠头："啊？那豆腐店怎么办，他家还挡着呢呀？"

严讷说："别急，开工之后，工地每天的食材和酒肉都去豆腐店里买，而且必须一手交钱一手交货。"

管家听了一头雾水，怎么不对付那家店，反而要给他们好处呢？管家虽然想不明白，但还是按照严讷说的去做了。开工之后，工地的食物需求量特别大，小小的豆腐店一下子接到了大量订单，忙得不可开交，店里的人手就不够用了。再加上每天需要购买和堆放大量的食材，导致他这个小店的空间也不够用了。

随着严讷的宅子慢慢地建起来，豆腐店也跟着赚了不少钱，店老板就想着扩大店面。与此同时，店老板也感受到严讷确实是个大好人，不仅不欺负自己，还照顾自家生意，越想越觉得愧疚，于是主动找到管家，同意搬走。

严讷听到这个消息，非常高兴，不仅吩咐管家按照原价购买豆腐店，还让人帮着店老板在城里最繁华的地方选购一家新店面。从那之后，豆腐店的生意越来越红火，而严讷的宅子也如期完工。

包容不是退缩，而是兼收并蓄

如果你是严讷的管家，你会不会觉得严讷太软弱？身为朝廷的宰相，拥有仅次于皇帝的无上权力，却对付不了一个小小的豆腐店老板。

其实，严讷选择包容豆腐店老板是真正体现了大智慧。

包容并不代表退缩，而是一种深谋远虑的为人处世哲学。但凡拥有包容能力的人，都有一个主要的共同特征：允许自己不喜欢的东西存在，并且能与之共存。

既然不喜欢，为什么还要和它共存呢？

嘉靖年间，徐阶和严嵩明争暗斗，搞得朝堂乌烟瘴气。嘉靖皇帝深居内宫之中，不仅没有阻止他们，反而时不时地在暗地里拱火。嘉靖皇帝不喜欢徐阶，更喜欢严嵩。但他心里明白，虽然严嵩能让自己快乐，但如果没有徐阶对严嵩的制衡，让严嵩一人独大，自己也就没办法掌控严嵩了。另外，如果没有严嵩，让徐阶一人独大，也会造成同样的局面。

因此，嘉靖皇帝必须容忍朝堂之上有自己不喜欢的人存在。

而严讷也是如此，虽然豆腐店老板严重影响了他的宅子建设，但他不能驱赶豆腐店老板。因为他明白兼收并蓄，才能从根本上解决麻烦。

斤斤计较是弱者的行为

有些人喜欢斤斤计较，什么事情都要较真、认死理，其实是内心弱小的表现。

斤斤计较的人最大的特点就是不允许自己不喜欢的东西存在，但自己又没有办法消除这些东西，就会让自己陷入一种恶性循环。

职场中有很多这样的人。比如大部分普通员工都对自己的领导颇有微词，领导指出策划案或者报告中的错误，在他看来都是在针对自己。随着这种"憎恶"越来越深，工作也越做越差，最终只能离职走人。

这种人是典型的弱者。

强者就像严讷，包容阻碍；弱者则会不断抱怨，把这些阻碍视为眼中钉、肉中刺，这样做的结果只会让他停滞不前，距离自己的目标越来越远。

因此，与其斤斤计较，不如包容妥协，和不喜欢的人成为朋友，把不喜欢的东西好好保管。从不喜欢的人身上寻找可以学习的亮点，从不喜欢的事物中攫取想要的东西，这才是有智慧、内心强大的人应该做的。

包容是一种以退为进的战术

俗话说"吃亏是福"，为什么吃亏反而是福气呢？这和包容是一脉相承的。吃亏是一种包容，而包容的是对方的倨傲和缺点。

子曰："见贤思齐焉，见不贤而内自省也。"包容是把对方当作一面镜子，看到对方的缺点的同时，也要激励自己内省，看看自己有没有同样的缺点，从而进一步提升自己的竞争力。

相较于直接消灭自己不喜欢的事物，不如微笑着面对，包容它的存在，然后从它身上吸取想要的东西，让自己更加强大起来。

对于强者来说，包容并不是退缩和忍让，而是为了实现长期目标的以退为进。

交浅不宜言深，
说话只说三分满

北宋大文豪苏轼曾经在《上神宗皇帝书》中说："交浅言深，君子所戒。"就是说，对那些交情比较浅的人，不能对他畅所欲言，否则可能会引来麻烦。

范雎说秦王：初见不深言，欲擒故纵

战国末期，在苏秦的游说之下，六国进行了合纵联盟，共同对抗秦国，让秦国的日子很不好过。到了秦昭襄王时期，他求贤若渴，寻找各种办法想要让秦国强大起来。

秦昭襄王让大臣王稽出使魏国，王稽在魏国救了被人陷害的范雎，并偷偷把他带到了秦国。王稽和范雎聊过之后发现他非常有才能，于是就找机会把他推荐给了秦昭襄王。

秦昭襄王听说范雎很厉害，于是屏退左右，屋子里只有他和范雎两个人。秦昭襄王恭敬客气地问："先生有何治国良策，还请不吝赐教。"

范雎听了秦昭襄王的话，点了点头说："嗯嗯。"就再也没说什么了。

秦昭襄王还等着范雎的下文，却见他一直沉默，便觉得奇怪。等了一会儿，秦昭襄王忍不住又重复了一遍他刚才的话，没想到范雎还是没有正面回答，依旧"嗯嗯"了两声。

秦昭襄王见范雎这样，有点儿生气，但强忍着说："先生是不打算赐教，还是觉得寡人不值得教？"

范雎见火候差不多了，整了整衣襟，说："大王您误会了，我只是有一些犹豫，不知道该不该和您讲我的治国方略。"

接下来，范雎引经据典，向秦昭襄王讲述了姜太公和周文王、王子比干和纣王的故事。秦昭襄王被他的慷慨陈词打动，立即洗耳恭听。

随后的几天里，范雎向秦昭襄王介绍了自己"远交近攻"的战略，不仅能瓦解六国合纵联盟，还能让秦国持续东进，扩大领土。秦昭襄王听了大受鼓舞，立即把范雎封为丞相。

自那之后，在范雎的治理下，秦国远交近攻，一步步蚕食六国的领土，为秦始皇统一六国打下了坚实的基础。

交情不深，话不宜说得太满

俗话说，"月满则亏，水满则溢"。在与人交往时，这个道理也同样适用。逢人说话办事，不能把话说得太满，也不能把事做得太绝。

假如范雎一见到秦昭襄王，就像张仪一样，迫不及待地讲述自己的治国方略和战略，摆出一副咄咄逼人的架势，秦昭襄王一定会觉得范雎太过浮夸，没有真才实学，只会动嘴皮，不一定有行动力。

范雎是懂得"交浅言深，君子所戒"的道理的。

子曰："不可与言而与之言，失言。"意思就是说，有些事情不能说，却硬要讲给别人听，就会说错话、得罪人。

做人做事，真诚确实很重要，礼貌也不能缺少，在商务场合更应如此。假如只是为了一味地客套，为了给人留下好印象而故意装出很热情、很熟络的样子，反而会让人觉得轻浮不稳重。

有的时候，保持一些距离，反而会给人留下神秘感，让人想要接近。懂你的人不必多说，不懂你的人何必多说。

这也就是"远则不亲，近则不敬"的道理，也是为人处世的另一种境界。

交浅言深是自我认知偏差

有些人在亲人朋友面前只玩手机，从不主动聊天，显得很内向。然而他们面对陌生人时，通常会打开话匣子，说起来没完没了。

这是典型的交浅言深心理。之所以会产生这种现象，根源在于对自我认知的偏差。这些人在亲朋好友的眼里是"社恐"。

实际上，交浅言深的人大多数确实是"社恐"。那么为什么他们和陌生人就能相谈甚欢呢？这是因为他们在熟悉的社交环境中的形象已经固定了，又不甘心自己是"社恐"，于是就会在内心深处产生急需改变形象的需求。

而陌生人对自己完全不了解，是能建立全新形象的完美对象，所以他们在遇到陌生人的时候，反而会显得特别擅长社交。

话到嘴边留半句，事到临头让三分

日常生活中，交浅言深无伤大雅，也不会给自己造成什么大损失。但是在商场和职场中，交浅言深可能会给人带来不可预估的后果。

职场中，人们往往为了利益相互竞争。这里的利益，包括业绩、职级、领导的青睐等，每一点都关乎自己的工资能不能涨一些、职位能不能升一些、职场道路能不能顺一些。

假如这个时候，你掉以轻心，犯了交浅言深的毛病，把自己团队的关键事情告诉了竞争团队，也许你会觉得喝过两杯酒、唱过两次歌，大家都是好兄弟，但别人未必这么想。也许你的某句话就会泄露团队秘密，让别人捏住你的把柄，给公司、团队造成重大损失。

商场如战场，说的就是这个道理。

所以无论对任何人，说任何事情，哪怕是坐在你邻座最熟悉的同事，说话的时候也不要说满。尤其是关乎职位、团队技术的内容，话到嘴边，动脑子想一想该不该说、该说多少。

尤其是刚入职的人，为了和周围的同事搞好关系，打成一片，就说了好多有关自己的私事。这样反而不会给别人留下好印象，还可能让人觉得特别烦。

记住，职场和商场同样也是名利场，只要有利益纷争的地方，就没有绝对的朋友。上一秒，你觉得还是朋友的那个人，也许下一秒就会出卖你。

友谊也是一种亲密关系

伟大的文学家、革命家鲁迅先生曾经送给好朋友瞿秋白一句话："人生得一知己足矣，斯世当以同怀视之。"意思是，人这一辈子朋友不在多，能有一个知己就可以知足了，这辈子一定要当作手足兄弟看待。足可见，交往之道贵在真心。

管仲与鲍叔牙：理解、信任、不计个人得失

春秋时，齐国有两个人，一个叫管仲，一个叫鲍叔牙。虽然鲍叔牙的家境比管仲优渥，但鲍叔牙觉得管仲很有才华，便和他成了好朋友。

起初，两人合作做生意赚了钱，分钱的时候管仲总要多要一点儿，对此，鲍叔牙从不觉得他贪财。鲍叔牙经常接济管仲，管仲为此很感动，于是帮鲍叔牙办了几件事儿，可都没做好。鲍叔牙非但

没有怪他，反而安慰他。后来，管仲当过几次小官，每次都因为各种原因被罢官，鲍叔牙也不小看他，反而觉得是没人赏识他。再后来，管仲为了生存当了兵，可每次打仗他都当逃兵。别人都说他贪生怕死，而鲍叔牙知道他有奉养老母亲的难处，所以才逃跑的。

过了几年，管仲和鲍叔牙各谋出路，管仲做了齐国公子纠的老师，而鲍叔牙做了公子小白的老师。齐国国君齐襄公昏庸无道，导致发生内乱，为奸人所害。当时在外游历的公子纠和公子小白听闻消息，都快马加鞭回齐国，想抢先得到王位。

管仲一边护送公子纠回国，一边带人去阻击公子小白，并在半路上朝他射了一箭。管仲以为公子小白被射死了，就不紧不慢地带着公子纠继续赶路。没承想，公子小白是装死，管仲那一箭射中了他的衣带钩子。公子小白担心再出意外，于是抄小路疾速前进，抢在公子纠前面回国，当上了国君。公子小白就是后来的齐桓公。

齐桓公即位以后，首先派兵讨伐公子纠，将他除掉，并捉住了管仲，要把管仲处以极刑，鲍叔牙出来阻止说："大王，如果您仅仅是想当齐国的国君，有我就够了；但假如您想要威服诸侯，成就霸业，只有管仲能帮您。"

齐桓公听了鲍叔牙的话，对管仲产生了兴趣，于是就释放了他，并单独召见他。经过一番彻夜长谈，齐桓公彻底被管仲的才能折服，立即让他做了丞相，管理齐国一切军政。而鲍叔牙心甘情愿为管仲当助手。

在管仲的辅佐下，齐桓公"尊王攘夷"，九合诸侯，成为第一个中原霸主，就连周天子都送来祭天的祭品，承认他的地位。

随着齐桓公霸业既成，管仲也成了一代名相，后来他感慨说："生我者父母，知我者鲍子也。"

友谊的心理学构成

鲍叔牙之所以不遗余力地帮助管仲，一方面是因为管仲确实很有才能，另一方面是出于两人的友谊。

从心理学上讲，友谊是一种建立在交往双方之间的情感关系，也就是说是友谊双方共同凝练出来的，必须依靠双方的维持和运营。因此，从友谊的心理学原理不难看出，构建友谊的前提是交往双方的亲密程度。

交往双方越亲密，友谊就越牢固，亲密程度是衡量友谊程度的重要指标。但亲密程度并不是唯一指标，毕竟还有一句话叫"君子之交淡如水"。这里说的"亲密"是一种广义的概念，并不是两个人天天黏在一起才算亲密，而是一种内在的心灵交流，这种心灵交流不受时间和地域的限制。

正如同王勃所说："海内存知己，天涯若比邻。"如果两个人真的交好，哪怕相隔天涯海角，彼此的心也是在一起的。

所以说，真正的友谊是不受时间和地域限制的。从这个角度来看，友谊意味着信任、支持和忠诚。由此衍生出友谊的三个重要特征：

相互关心。表示友谊一方对另一方的关心多少、关心深浅。

相互依赖。无论是在情感上，还是在外在客观物质上，友谊双方都具有依赖性和支持性。

三观一致。三观俱合是友谊的大前提，只有世界观、人生观和价值观高度一致，才能拥有长久的友谊。

友谊的社会性属性

从友谊的心理学性质可以看出，它属于一种自发建立的人际关系，完全是根据个人意愿和喜好而形成的亲密关系。友谊的相互依赖性告诉我们，友谊实际上是一种需要，是相互欣赏、相互扶助、相互平等的需要。

为此，站在社会关系角度来说，友谊还可以看成一种寻求彼此利益最大化和代价最小化的人际关系。

人是社会化的动物，一切人际关系的谋求和建立都是为了追求某种利益。这里的利益既包括名誉、金钱、地位，也包括友情、亲情等情感需求。

哪怕像伯牙和子期那样高洁的友谊，同样也是建立在互利关系上的。伯牙弹琴希望找到一个能听得懂他的琴音、懂得他内心的人，而子期就是这样的人。子期虽然是个樵夫，但其内心是高洁的，他喜欢听类似巍峨高山和滔滔江水一样的音乐，而伯牙能弹奏出来。

友谊的管理学特征

成功的管理者懂得利用友谊来提升团队凝聚力，进而提高团队业绩。

职场友谊，相对于社会性友谊具有一定的特殊性。职场友谊是一种非正式的友谊关系，是职场人在一定报酬的激励下，为了完成某项工作，被动建立起来的"亲近关系"。从某种程度上说，职场友谊具有的亲近、信任、忠诚等一系列关系，仅仅存在于工作场所限定的范围内。

当然，有些职场友谊也会发展成社会友谊，成为个体社会关系的一个节点。

作为团队管理者，想要让团队利益最大化，或者获得更多的资源支持，就需要保持团队内的职场友谊良性发展，为下属营造相互信任、和谐融洽的氛围。

职场友谊是个体获得足够支持自身发展的社会性资源，以减少压力、增加动力的很重要的条件。

总之，良好的职场友谊有利于提高团队的协作力，进而提升团队的核心竞争力，保证团队取得更好的成果。

这一点，从管鲍之交就能看得出来。正是管仲和鲍叔牙之间的超然友谊，使得他们获得了政治上的成功，实现了个人抱负。

人际关系三维理论：包容、支配和情感需要

《礼记·大学》中说："欲修其身者，先正其心；欲正其心者，先诚其意。"由此可见，想要做好一件事，无论是对人，还是对事，都必须有诚意和真心才行。

刘备：三顾茅庐，真心换真心

东汉末年，黄巾起义，天下大乱。各地军阀交战，割据一方。其中以"挟天子以令诸侯"的曹操和坐拥东吴的孙权势力最大。

刘备，字玄德，是涿郡人。他自称是汉室后人，以兴复汉室为名义到处招兵买马。刘备从徐庶那里听说隆中卧龙岗有个名叫诸葛亮的奇人，人称"卧龙"，很有才能，于是就带着关羽和张飞一起请他出山。

诸葛亮虽然在隆中种地，住着茅草屋，与世无争，却十分关心国家大事。他的学问造诣很深，尤其精通兵法和谋略。而刘备想要建功立业，正需要这样的人才。

刘备三兄弟风尘仆仆地来到诸葛亮的家里拜访，开门的是诸葛亮的小书童，询问来意之后，小书童说："真不巧，我家先生有事出门了，你们改天再来吧！"

刘备听说诸葛亮不在，连忙施礼表示叨扰，然后带着关羽和张飞离开了。过了几天，三兄弟又来拜访，开门的还是那个书童，他认出了刘备，不好意思地说："又不巧呢，我家先生和朋友闲游去了，要好久才能回来。"

这下可把张飞气坏了，大喊道："大哥，我看这小子是故意摆谱。咱们还是回去吧！"

刘备连忙制止了鲁莽的张飞，拿出纸笔写了一封信交给书童："烦劳，诸葛先生回来之后，把这封信交给他。"

又过去好几天，正值天降大雪，刘备三兄弟第三次来到诸葛亮家。这次诸葛亮倒是在家，但是睡午觉呢，小书童说先生最讨厌被人打扰，于是刘备三兄弟就在门外等候，大雪下了很久，三人冻得身子都僵硬了。

关羽对刘备说："大哥，我看这诸葛亮徒有虚名，未必有真才实学，我们还是走吧。"

张飞也附和说："对呀，大哥，咱哥仨都快冻成雪人了。不如我去叫醒那家伙。"

刘备拉住两位兄弟，真诚地说："咱们是来请教诸葛先生的，不能如此鲁莽，再等等。"

就这样，一直等到下午，诸葛亮才睡醒，看到刘备三人在外面等候许久，立即请他们进屋。

诸葛亮被刘备三顾茅庐的举动感动，又看刘备确实想要兴复汉室，于是答应出山辅佐他，还为他分析天下局势，指了一条兴复汉室的明路，这就是"隆中对"。

自此，刘备凭借诚心赢得了诸葛亮的追随。在诸葛亮的协助下，刘备联合孙权对抗曹操，建立蜀汉政权，和孙权、曹操三分天下。

人际关系的三维理论

东汉末年，群雄并起，要说比刘备有能力的人有很多。按照诸葛亮的名气，想必很多人都去邀请过他。为什么唯独刘备成功了呢？

从人际关系心理学的角度分析，刘备和诸葛亮在人际互动中的基本需求得到了满足。

1958年，社会学家舒茨首次提出了人际关系三维理论。他认为，社会中的任何一个人，在和别人进行人际交往互动时，都会不自觉地产生三种特别基本的需求，即包容需求、支配需求和情感需求。

而只有当这三种基本需求得到满足的时候，才会形成一种健康的人际关系。与此同时，这三种基本需求决定了人在进行人际交往的时候，会产生什么样的行为。借助三种基本需求，心理学家就可以描述、解释人际关系中某个人的行为模式，以及预测这个人未来的行为和行动。

包容需求，主动出击

包容需求，指的是一个人在人际交往中，希望与别人接触，并建立和维持和谐关系的需求。包容需求分成主动和被动两种类型：主动型会让人在人际交往中取得主动性，并积极参与社交活动；而被动型则表现为胆怯，在人际交往中处于被动接受的境地，期待被别人接纳。

如果是在商业竞争中，主动型的包容需求更占优势。这类人尤其擅长在商业应酬、商业谈判中取得先机，并且能抓住时机，从客户那里获得最有利于自身的价值。被动型则是一直在被人推着走，很容易在商业竞争中落于下风，从而失去很多优势资源。哪怕付出再多的努力，这种人际交往中的短板也是很难弥补的。

刘备想要开创雄图伟业，自然愿意和诸葛亮建立关系；而诸葛亮遇到了明主，也想一展平生所学。他们双方的包容需求都得到了满足。

支配需求，有权力就要好好用

支配需求指的是一个人在人际关系中，控制他人或者被他人控制的需求，同样也分成被动型和主动型。

被动型的支配需求往往是一个好下属，但绝对不会是一个好领导。同时，这类人在任何形式的竞争中，都很难发挥并攫取属于自己的资源。因此，想要最大限度获得名和利，首先要摆正自己的位置，如果你在人际关系中是主动型支配需求，则很有优势；假如你属于被动型，就要尽可能改变，否则，你的人际关系处理能力可能会给自己拖后腿。

主动型的支配需求善于使用手中的权力为自己办事，进而"利滚利"，为自己争取更大的权利，形成一种良性循环。

这对于创业者或领导者而言是必须具备的素质。试想一下，假如一个被动的支配需求者，带着团队去进行一场投标活动，中途内部对投标方案产生了某些分歧，紧要关头卡在预算金额上，需要领导决策。被动型支配需求者就会出现很难抉择的情况。他们不善于使用手中的权力，不擅长快刀斩乱麻，优柔寡断，进而浪费很好的机会。

所以，作为团队的领导，必须在人际关系中掌握主动支配权。

回头看刘备和诸葛亮，在兴复汉室的大方向上，刘备处于主动地位，而诸葛亮是从属；但在具体实施方案上，诸葛亮处于主导地位，刘备是从属。两个人都分别在这段君臣关系中，实现了支配需求。

情感需求，诚心换真心

情感需求，指的是人际交往中，双方在感情上建立和维持亲密关系的需求，也分为主动型和被动型。主动型表现为友善、喜爱、同情等正向积极情感；而被动型表现为冷漠、等待、被动接受等负面情感。

如果说前面的包容需求和支配需求是手段，那么情感需求就是纽带。

刘备打动诸葛亮的地方，最关键的还是诚心，就像诸葛亮在《出师表》中说的："先帝不以臣卑鄙，猥自枉屈，三顾臣于草庐之中，咨臣以当世之事，由是感激，遂许先帝以驱驰。"

由此可见，诸葛亮之所以同意出山帮助刘备，最大的原动力是刘备的诚心。虽然外界人称诸葛亮为"卧龙"，但他却把自己看成一个身份卑微的农人，把被汉室后裔刘备器重，看成自身的荣耀。

正是由于他们两个惺惺相惜，彼此交换真心，才能在之后的乱世中建立稳固的君臣关系，双方都在名望和地位上有了全新的突破，达到了人生高峰。

 # 从沟通姿态看其管理风格

沃尔玛的创始人山姆·沃尔顿说过，沟通是管理的浓缩。由此可见，一个人有着怎样的沟通姿态，就会产生相对应的管理风格。沟通方式和管理风格是相辅相成的。

秦始皇：指责型沟通姿态与秦王暴政

秦始皇小时候的生活是比较悲惨的，他虽然贵为秦国公子，但由于父亲异人去了赵国做人质，因此他和母亲也一直在赵国生活。后来，在吕不韦的帮助下，异人回国做了秦王，但秦始皇留在赵国一直长到十三岁才回到秦国。

秦始皇的身世常常被人猜疑，这也造成了他坚韧不拔的性格里含有残暴成分。秦始皇对父亲和母亲是没有多少感情的，更何况母亲在当上太后之后，还和嫪毐生下孩子，预谋叛变。

秦始皇凭借自己的政治天赋，平定了母亲和嫪毐的叛乱，又从吕不韦手里夺回了王权，真正开始亲自管理秦国。在法家代表人物李斯的帮助下，秦始皇推行严刑峻法，把秦国的国力推向了新的高峰。随后制定了"灭诸侯，成帝业，为天下一统"的策略，开启了吞并六国之路。

从公元前230年攻打韩国开始，一直到公元前221年攻破齐国临淄城，仅仅用了九年时间就结束了自春秋以来长达五百多年的诸侯割据，建立了大一统的王朝。

到这里并没有结束，还有很多麻烦等着秦始皇解决。

当上皇帝的秦始皇心里有一幅宏伟蓝图，中原只是他宏图霸业的第一步，接下来他还要面对北方的匈奴和南方的百越。随后，他派遣蒙恬北筑长城，却匈奴七百余里，使其不敢南下牧马。接着，他从公元前219年到公元前210年，前后三次派遣大将率兵南攻百越之地，前后动用军队达百万之多。

除了穷兵黩武，秦始皇还有另外一个爱好，那就是建设大型工程。如"覆压三百余里"的阿房宫、绵延万里的长城、直通边塞的秦直道，以及灵渠等。每一项工程的背后都浸染着数百万劳工的心血。也正因如此，史学家才会称秦始皇为"暴君"。

秦始皇还在内政上下了很多功夫。战国时期，每个国家都有自己的文字和度量衡。统一之后，纷乱复杂的文字让人们之间的沟通变得很费劲，公文和政令无法准确下达，市场和经济又因为度量衡的紊乱而没有秩序。因此，秦始皇下令统一文字和度量衡，规定以秦国小篆为标准文字，废除六国文字以及历史书籍。

独裁统治者的沟通方式

从秦始皇的一生不难看出，无论是管理政务、军队，还是任用人才，秦始皇使用的方式往往是"唯我独尊"。他是典型的独裁者，头脑清醒，手腕强硬，为了达到目的，不惜使用任何手段，随时随地尽可能最大限度地利用身边的所有资源，并且完全不顾及代价。

就以修长城为例，为了阻挡匈奴的南侵，哪怕是亲儿子扶苏反对，他也毅然决然，举全国之力大兴土木。哪怕人民怨声载道，他也毫不动摇。因为他认为自己的目光更长远，只有断绝匈奴南下的路，才能保证大秦的长治久安。

正如开头说的那样，管理方式和沟通方式是相辅相成的。铁腕的管理方式背后，势必对应着强有力的沟通方式。

如果按照美国心理学家维琴尼亚·萨提亚提出的五大沟通姿态划分的话，秦始皇显然属于指责型。

在心理学上，任何人都有从外界的影响中剥离自己并保护自己的行为模式，这是自然选择的结果。通常，这种"保护"有两种主要方式，一种是主动的，另一种是被动的。在我们的潜意识里，主动的行为比较多，主要体现在通过扰乱和指责别人，不接受来自任何人的借口、麻烦，以维护自己的权利。这种就是指责型的人的沟通模式。

指责型的人常用的口头禅是"都是你的错""你到底怎么搞的"。

大多数的团队领导运用的沟通方式都属于这一类，因为这样才能建立自己的权威，让命令能够被更高效地执行下去，确保团队的利益能够向着最大化发展。

人际关系中的沟通方式

根据萨提亚的心理学，在社会关系和个人交往的过程中，除了指责型，还存在着讨好型、超理智型、打岔型和一致型。

讨好型沟通的人的自我内在价值感比较低，常常忽略自己的感受去维护别人。口头禅通常是"这都是我的错""我想要让你高兴"。在团队之中，讨好型沟通的人往往以牺牲自己的方式来得到很少的利益，尤其是在商业竞争或者产品推销之中，习惯性地用装可怜、道歉来博取同情，往往收效甚微，对提高团队的效率害处很大。

超理智型沟通的人表面上拥有非常理智的思维方式，无论做什么事情，都只对事不对人，保持冷静、沉着和客观的态度去决策和指挥。然而，超理智型的人并非真的理智，而是由于内心的空虚和敏感而故作姿态，是装出来的理智。如果团队中出现了这样的人，最好不要委任他担任太高的职位，因为一旦这种人表面的理智包不住内心的敏感的时候，往往会带来严重的后果。

打岔型沟通的人在沟通时，尤其是在商业谈判或项目推介时，往往抓不住重点，喜欢故意岔开话题，避重就轻。这是由于这类人的内心比较焦虑，没有归属感，还经常会被人误解，所以通过这种方式寻求关注。如果团队中出现了这种人，可能影响团队的凝聚力，不利于团队的内部建设。

一致型沟通的人无论是做事情还是做人，都会以公正的态度和方式去解决。他们关心别人，同时也会考虑自己以及当下的环境，尽可能全面评估现状，再采取行动。一个想要健康发展的团队需要表里一致型沟通的人。作为员工，他们会帮助领导妥善解决任何问题；作为领导，他们也有能力带领团队走向辉煌。

虚怀若谷的人
更具社交魅力与价值

孔子的学生子贡向他请教，为什么卫国大夫孔文子的谥号是"文"？孔子的回答非常经典："敏而好学，不耻下问。"因为孔文子是一个聪明好学，并且虚心向地位不如自己的人请教的人。

由此可见，虚心向别人请教，不仅是一种美好的品德，还是提升自己的途径。

孙权：躬身问鲁肃，虚心求得"榻上策"

如果说诸葛亮是刘备的智囊，那么鲁肃就是孙权的智囊。

鲁肃出生于江南的富贵家庭，接受了良好的教育，很有才华，从小就有建功立业的抱负。鲁肃和周瑜是好朋友。孙策死后，孙权接过了掌控东吴的大权。孙权梦想着像齐桓公、晋文公那样建立一番雄图霸业，可是苦于没有贤臣辅佐。

就在这时，周瑜向孙权推荐了鲁肃。孙权大喜过望，连忙召见鲁肃，和他并排坐在榻上畅饮对谈。经过一番交谈，孙权发现鲁肃确实很有才能，于是恭敬地请教："先生，现在汉室倾危，各方混战。我继承了父亲和兄长的基业，想要建立齐桓公、晋文公那样的霸业，你觉得我应该怎么做呢？"

鲁肃也发现了孙权确实是一位明主，于是说："依我看来，汉室已不可能再复兴，短期内也不容易打败曹操。您想要建立霸业，唯一的办法就是鼎足江东，以观天下变。现在北方战事频发，主公应该抓住机会，进攻刘表的荆州，把整个长江据为己有。依靠长江天险，就可以称帝，以夺天下。"

孙权听了鲁肃的策略，恍然大悟，对鲁肃倾信有加。

鲁肃的"榻上策"和后来诸葛亮的"隆中对"有着异曲同工之妙，且比诸葛亮提出的"隆中对"早了七年，由此可见，鲁肃的谋略之才不比诸葛亮差。

曹操南征，大败刘备，准备南下攻打东吴。一时间，东吴人心惶惶，以张昭为首的老臣们主张投降曹操，而周瑜和鲁肃等人主张抗击。孙权面对双方的争执，也拿不定主意。

这天，孙权又召集大臣们商议，大部分的大臣都想要投降。会议上大家吵得不可开交，唯独鲁肃一言不发。孙权想知道鲁肃是什么态度，于是假装上厕所离开了，随后鲁肃跟着走了出去。

孙权拉住鲁肃的手，诚恳地问："先生，您有什么要说的吗？"

鲁肃严肃地说："主公，大家和我都可以投降，但唯独您不行。我们投降了，曹操照样会给我们一官半职，荣华富贵。但您要是投降了，失去了江东，您又能去哪呢？"

听了鲁肃的话，孙权一下就明白了。于是立即把周瑜叫回来商量抗击曹操的策略。之后周瑜在赤壁大败曹操，让他再也不敢南下。而孙权依靠着长江天险，和曹操、刘备三分天下。

虚心使人进步

子曰："三人行，必有我师焉。"

孙权在东汉末年也堪称一代枭雄，但是他文不如鲁肃，武不如周瑜，之所以能三分天下，完全是依靠他能虚心请教。在治理国家上，他请教鲁肃，因此才会促成蜀汉和东吴的联军，对抗曹操；在军事上，他请教周瑜，因此才能在赤壁之战中大获全胜，打得曹操再也不敢觊觎江东。

纵观历代建立伟大功业的人，虚心请教都是他们取得成功的关键。

汉高祖有张良和韩信，唐太宗有长孙无忌和尉迟敬德，明太祖有刘基和石达开……每一个大人物的周围，都有着数不清的人才。

虚心是让人进步的捷径。因为别人的经历和经验是通过不断摸索、历经磨难总结出来的，证明了这条路是走得通的。而虚心请教实际上是巧妙避开了前人走过的弯路，直接沿着走得通的路到达成功的彼岸。

只需要放低姿态，向别人请教，就能得到成功的秘诀，何乐而不为呢？

骄傲源于内心的自卑

然而，有些骄傲的人会把虚心请教别人看成低人一等。其实，从心理学上看，不会虚心请教别人的人，内心深处大多是自卑的。

自卑指的是个体意识到自身存在缺点和不足之后，产生的一种消极心理，对意识中的自我能动性是一种拖累和打击，进而产生避免暴露自己这些缺点的行为，甚至是故意掩盖或者通过谎言进行夸大和美化，使由缺点引发的消极心理慢慢地被消解。

而虚心向别人请教，恰巧会暴露自己的这些缺点，会让自己陷入尴尬和不堪的境地。这样就解释了为什么有些人哪怕不懂装懂闹笑话，也不向别人请教。

心理学家阿德勒认为，人的自卑源于婴幼儿时期，当成年以后进入社会，又因社会环境、人际关系等重重因素影响，进而逐步加剧了对自身缺点的错误认知，让人越陷越深，最终造成无法挽回的后果。

端正认知，重塑内心

俗话说，金无足赤，人无完人。

尤其是当你的事业正处在上升期时，就更应该注重提高自身的能力和内在的品质修养。假如随着职位的上升，能力、认知和眼界还停留在当小兵的状态，首先很难服众，无法更好地管理团队；其次很难让领导满意，不能争取更多的资源，无法带领团队获取最大利益。

逆水行舟，不进则退。无论到了什么位置，都要摆正自己的认知，包括对自身的认知和对人际关系的认知。

尤其是身为领导者，向职位不如自己的下属请教问题，不仅不会显得自己实力不行，反而会让下属觉得你平易近人。这是一种和下属打成一片的方法，也是开阔自己的视野、提升自身能力的途径。

身居高位的人会感到高处不胜寒，其根源就在于随着职位的提升，越来越难接触到活跃的思维。而不耻下问，就是不断重塑和更新思维方式的有效途径。

只有保持思维的与时俱进，才能更好地处理突发危机，做出更全面的决策。

第五章 用人管人，皆需顺其本性

交人不以出身论英雄

明朝的杨基在《感怀》这首诗中写道："英雄各有见，何必问出处。"

辅助商汤灭夏的伊尹是个厨师，汉朝开国功臣樊哙是卖狗肉的，明太祖朱元璋是个农民……历史上很多建立伟大功业的人，都来自社会底层。

由此可见，与人相交，不可只看出身。

信陵君：夷门侯嬴出计窃符救赵

战国末期，秦国加紧了东进吞并的步伐。公元前257年，秦国大将王陵带兵围困赵国邯郸城。因为战国四公子之一的平原君赵胜的夫人是魏国信陵君魏无忌的姐姐，所以赵胜派遣使者向魏国求援。

信陵君收到平原君的信之后，立即觐见魏王，魏王和信陵君是同父异母的兄弟，碍于情面不好不帮赵国。无奈之下，魏王派出大将军晋鄙赶赴邯郸。但此时的秦国如同虎狼之国，到处侵略，六国都怕秦国。魏王当然也如此，担心秦国找麻烦，所以就让晋鄙行军慢一些，到了赵国和魏国边界时，驻扎下来见机行事。

平原君一再催促，信陵君让自己的门客和大臣们游说魏王，但魏王就是不听。没有办法，信陵君自己集结了百辆兵车，准备亲自去救邯郸。

当时魏国有一位隐士名叫侯嬴，是个七十多岁的老头。他平时看守城门，家里特别贫困。然而信陵君对侯嬴十分敬服，每次家中大宴宾客，信陵君都是亲自驾车去邀请他。到了宴会上，信陵君还会让出最尊贵的位子给侯嬴。宾客们在私下里对此议论纷纷。

这次出兵路过城门口，侯嬴得知信陵君要去邯郸，施了一礼说："公子保重，我老了，不能跟随，实在抱歉。"信陵君没说什么，走出了城门，但没过多久又折返回来。

侯嬴见到信陵君笑着说："哈哈，我就知道公子会回来的。公子没有别的办法，迎战秦军就像把肉扔到饿虎面前，能有什么作用呢？"

信陵君当然知道侯嬴不是一般人，于是恭敬地拜了两拜，连忙请教："请先生赐教。"随后信陵君屏退了左右的人，侯嬴对他说："我听说兵符在魏王的卧室里，魏王最宠幸如姬。当年，您为如姬报了杀父之仇，现在请她帮忙，她一定不会推辞。公子若能拿到兵符，就能控制晋鄙的军队，营救赵国，击败秦国。"

听了侯嬴的话，信陵君如同醍醐灌顶，立即就要去找如姬。侯嬴拉住他说："公子别急，正所谓将在外，君命有所不受。假如晋鄙不肯交出军队，事情败露就危险了。我有个朋友名叫朱亥，是个武艺高强的人。您可以带上他，如果晋鄙不服从您，您就让朱亥杀了他。"

随后，信陵君找到如姬帮忙偷出兵符，然后带着朱亥到了晋鄙军营。晋鄙果然怀疑兵符是假的，情急之下，朱亥举起铁锤杀死了晋鄙。

信陵君成功控制了晋鄙的军队，赶赴邯郸城，大破秦军，邯郸之围解除。

以貌取人的心理本质

大多数人在和别人交往的过程中，都会犯以貌取人的错误。一方面源于首因效应，另一方面是由偏见和歧视引起的。

在心理学上，以貌取人属于歧视的范畴，指的是一种直接指向偏见目标并产生否定性的消极行为的表现。否定性的消极行为既包含肢体行为，也包括针对性的语言、偏见的态度，甚至严重的暴力行为等。

表现歧视行为的主体，对于偏见目标往往拥有某种优势，有的时候是自以为是的优势。这种优势会让歧视行为的发起主体产生一种心理上的优越感，并通过打压偏见目标来提升和向别人展示自己的这种优越感。

实际上，歧视行为的发起主体的这种心理是一种非正常态的。正常情况下，当一个个体比另一个个体更具优势时，会引发同理心，也就是怜悯，然后尽可能地帮助他。而歧视行为的发起主体不这么认为，他会想尽办法从弱势个体身上获取快感，而欺负弱势群体，让弱势群体变得更加弱势，进而凸显自己的优势，这就成了歧视行为的发起主体获得快感的主要方式。

不以出身论英雄

出身并不能决定一个人的素质和才能，吃燕窝鲍鱼的不一定就比吃糠咽菜的聪明多少。与人交往，最重要的是看他的内在品质和是否有真才实学。

建立人际关系的目的主要有两个：一是扩展人脉，提升自身的社会价值；二是汇聚各种资源，以实现个人利益的最大化。从这个角度看，一个人出身高贵与否是其次，而他能不能为自己带来利益转化，或者提高现有的利益转化才是最重要的。

就像信陵君结交看城门的侯嬴一样，他不在乎侯嬴穿的是什么、吃的是什么、做什么工作。他看重的是侯嬴的头脑和眼界。信陵君是魏王同父异母的弟弟，身居高位，认识不少名门望族，可关键时刻还是靠侯嬴出谋划策。

老子曰："大丈夫处其厚，不居其薄；处其实，不居其华。"意思是说，身为大丈夫，要立身敦厚，不要行虚华无用的礼仪；行为要充实而淳朴，不要贪慕虚荣。这句话说的不正是侯嬴这样的人吗？

我们在拓展人际关系时，要擦亮眼睛，不要被一些华而不实的人蒙蔽，要像九方皋相马那样，消除首因效应，不戴有色眼镜看人，不用歧视和偏见的态度对待身边的人。学会透过表象看其本质，才能寻找到最佳合作伙伴。

破除刻板印象，唯才是用

曹操在《求贤令》中说："唯才是举，吾得而用之。"他想告诉天下人，只要是有才能的人，无论什么出身，我都会重用。

曹操的用人策略在当时的历史背景下，是非常具有前瞻性和实效性的。他不拘一格揽人才的作风，不仅为自己积累了雄厚的人才资本，也为后世树立了任人唯贤的典范。

曹操：慧眼识郭嘉，官渡败袁绍

郭嘉是东汉末年曹操手下非常重要的谋士。青年的时候，郭嘉就有远大的志向，到处结交英雄豪杰。一开始，郭嘉觉得袁绍是个英雄，于是去投奔他，结果得不到重用，后来他对袁绍的谋臣辛评说："袁公虽然效仿古代贤君礼贤下士，但不知道怎么用人，虽然有计谋但不能快速决断，遇到危险的时候就惨了。"于是郭嘉离开了袁绍。

刚巧这个时候，曹操的一位谋士去世了，曹操正值用人之际，就到处找人推荐贤才。荀彧是郭嘉的好朋友，于是就把郭嘉推荐给了曹操。郭嘉也知道曹操十分爱才，于是就到了他的大营，与他讨论国家大事。这次会面，郭嘉分析了当下的形势，用刘邦和项羽的故事帮助曹操分析讨伐袁绍的出师之名。随后曹操又向他询问具体的措施，郭嘉说："袁绍正在北边打公孙瓒，曹公可以趁机东征吕布，不然袁绍打败了公孙瓒，就成了我们的威胁。"

曹操听了觉得有道理，于是按照郭嘉的策略讨伐吕布，并打败了吕布。

在之后的南征北战中，郭嘉屡次献出妙计，成了曹操身边非常重要的谋士之一。但曹操手底下的人好几次向曹操举报郭嘉行为不端。不过曹操并没有因此而疏远郭嘉。

不久之后，曹操和袁绍在官渡对峙，拉开了官渡之战的序幕。然而此时，有人听说孙策打算渡过长江，袭击许都。曹操身边的人听到这个消息，都吓坏了。唯独郭嘉非常冷静，他断言孙策刚刚占领江东，杀了很多英雄豪杰，不得人心，虽然拥有百万之军，却没什么杀伤力，让大家不要担心。果不其然，没过多久，孙策竟然被许贡的门客刺杀了。

随后，曹操把重心放在了官渡之战上，在郭嘉的辅佐下，取得了官渡之战的胜利，彻底统一了北方。

刻板印象，误人误己

在生活中，人们往往会对他人、事物甚至地域产生刻板印象。刻板印象的形成很值得考究，有些是随着经历的丰富习得的，而有些是别人潜移默化"传染"的。

在心理学上，刻板印象指的是人们在对某种事物建立认知的过程中，形成的一种概括的、片面的、固定的看法。有的时候，还会有意无意地把这种看法推而广之，认为和这个事物有关的人或事物，甚至是地域都具有同样的特点。

有刻板印象的人很容易忽略个体差异，把刻板印象的对象融入群体中考量，进而得出带有强烈主观臆断的片面的结论，影响客观判断。

刻板印象带来的最直观的影响就是产生偏见，比如地域偏见、性别偏见、种族偏见、学历偏见、相貌偏见等。

不难发现，刻板印象在某种程度上是一种片面的错误，是一种以偏概全的认知。

如果一个人有刻板印象，作为领导在决策时难免会考虑偏颇，而作为下属在执行决策时也会因为刻板印象造成资源和渠道的损失，进而对团队的利益造成重大影响。

从社会心理学的角度看，刻板印象可以分成外显和内隐两种。外显的刻板印象容易被纠正，而内隐的刻板印象往往无法被个人识别，属于过去经验遗留下来的痕迹，调节对事物喜欢或不喜欢的情感、认知和反应。

大家向曹操举报郭嘉，很明显是因为大家对郭嘉存在着偏见和刻板印象。他们的偏见源于郭嘉的风评，因为郭嘉喜饮酒，所以曹操手下的官员们觉得此人没有真才实学。

然而曹操不以为然，他深知郭嘉的能力，他坚信自己的判断，抛弃偏见，认为郭嘉虽好饮酒，却并没有影响他在军政要务上的决策，所以才一直重用他。

唯一不变的就是变化

万事万物都在变化。对待事物的看法和态度也应该随着事物的变化而变化，如果一个人的认知总是停留在过去，而忽略事物发展的客观规律，那最终的结果就是故步自封。

就如同晚清闭关锁国一样。当欧洲科技在工业革命的浪潮中向前狂奔的时候，晚清政府还在做着天朝上国的春秋大梦，而忽略了对手已经弯道超车的事实。结局只能是被动挨打，造成了近代的百年屈辱。

法国思想家卢梭曾经说：人类的真正感情，最不应该让成见给束缚了。

偏见会蒙蔽人的双眼，尤其是在职场中维护和建立人际关系时，总是无端地抱有戒心。带有偏见的领导可能会冤枉下属；而带有偏见的下属会很难融入集体，甚至对领导颇有微词。这样的团队是不健康的，很难持续高效地产生效益。

所以，无论是在商业竞争中，还是在普通职场，与人交往时，于自己，要保持用发展的眼光看待人和事；于别人，要善于发现交往之人的心理状态，一旦发现他对团队、领导有偏见，最好敬而远之，否则潜移默化也会影响自己。

正如警察破案要凭证据一样，交友察人，也要服从证据，服从现实，而不是用以往的经验去判断。

唯才是举是团队良性发展的有力保证。

用人各取所长，补齐团队短板

《淮南子·兵略训》中说："若乃人尽其才，悉用其力。"意思是说，在用人时，如果能充分发掘每个人的潜能和特长，就能最大限度地发挥他们的能力和作用。

在用人这方面，宋朝开国皇帝、宋太祖赵匡胤是很有发言权的。

赵匡胤：乱世掌权，倚靠团队力量

赵匡胤原本是后周的将军，在陈桥兵变中黄袍加身，当了皇帝，建立宋朝，随后统一中原。

赵匡胤建立宋朝之后，能让这个新兴王朝在乱世中生存发展，自有他的治理之道。而其中最重要的就是唯才是举，人尽其才。

赵普是赵匡胤的得力助手，从赵匡胤当将军的时候就是他的军师。赵普参与和策划了陈桥兵变，和赵光义一起把赵匡胤推上了皇位。宋朝建立之后，赵普担任门下侍郎、平章事、集贤殿大学士，从此开启宋朝总设计师之旅。赵普协助赵匡胤削夺藩镇权力，从创业初期的将军们手里收回兵权，保证国政大权都掌握在赵匡胤手中，消除了五代十国时期藩镇反叛称帝的隐患。随后，赵普改革律制、官制，整顿了宋朝的内政。同时又制定了一系列守边防辽等重大措施。可以说，宋朝的建立，赵普这个大管家功不可没。

内政上，除了赵普，窦仪也是宋初的重臣。窦仪和赵匡胤都是后周的臣子，窦仪在后周时主管粮饷的事情。有一次，赵匡胤打了胜仗，获得很多金银珠宝。窦仪奉命来清点财物。就在这时，赵匡胤打算用这些财物犒劳将士们，窦仪义正词严地拒绝，让赵匡胤碰了钉子。

赵匡胤建立宋朝之后，想起了窦仪，认为他是一位不畏强权的好官，于是重用窦仪，让他当工部尚书兼职判大理寺事，也就是主管断案。后来又升任他为礼部尚书。

赵匡胤特别注重水利，一直在寻找治水的能人，听说陈承昭对治水有研究，于是委任他治理惠民河。陈承昭原本是南唐的大将，在与后周的战斗中打了好几次败仗，最终被后周军擒获。他虽然不是将才，但确实很会治水。

陈承昭考察后发现惠民河虽然没有堵塞，但由于水量很少，很难用于河运。随后，陈承昭制定了引水入河的策略，惠民河水量大增，向北连通汴京，向南直入淮河，沟通了京城与江淮的漕运。

后来，赵匡胤准备灭掉南唐，苦于南唐水军太厉害，而宋朝没有能打仗的水军。陈承昭知道以后，建议赵匡胤在京城外挖一个大水池，连通惠民河，既可以在里面操练水军，又可以直接顺着惠民河到江淮。赵匡胤采用陈承昭的计策，很快灭掉了南唐。

赵匡胤正是通过网罗各方面的人才，尽可能发挥他们的能力，才让宋朝的根基越来越稳固。

木桶定律与取长补短

木桶是用一片片长条的木片箍在一起制成的，这也就引发了一个有意思的现象。一个木桶能装多少水，取决于最低的那个木片。这就是木桶定律。

木桶定律经常扩展到人际交往、个人发展和团队协作等领域。

对于个人来说，他能够成就多大的业绩，并不依赖于他最强的某一项能力，而是取决于最弱的那一项。比如一个学生，影响他成绩总分的往往不是最强的学科，而是最弱的学科。因为最弱的学科才是拉低总分的学科。

因此，个人发展就应该努力取长补短。

人都喜欢被赞美，但赞美容易让人迷失，看不清自己身上的缺点。木桶定律告诉我们，应该把更多的精力放在弱势上，这样才能提高自己的整体素质。

我们的自身能力、人际关系、发展平台等都是木桶的木片，影响着个人价值的实现。个人素质再强，没有和谐的人际关系、适合自己的平台这些客观条件，才能依然施展不出来。

因此，木桶定律也告诉我们，在培养和发挥自身优势的同时，还要注重人际关系的维护、挑选适合自己的平台，努力让各方面的影响达到均衡的状态。

企业管理的优势理论与扬长避短

木桶定律在企业管理或者团队管理中，则有着另一番思路。

优势心理学之父唐纳德·克利夫顿带领全球民调巨头盖洛普公司的科学家团队进行了一项长达二十五年的心理学研究。他们深入跟踪研究了不同国家、行业、公司的八万名职业经理人，最终得出了两个有意思的结论。

一是人的缺点很难改变。

二是在团队中，不要妄图弥补个人的缺点，应该尽量发挥所有人的长处。

因此，唐纳德·克利夫顿确立了优势理论，他认为，在一个营利性质的团队中，无论是领导者还是员工都应该专注于发挥自身优势，而不是专注于弥补缺点和劣势，这样才能实现更大的成就，获得更多的利益。

克利夫顿的研究团队曾经做了一项名为"克利夫顿优势评估"的实验，来帮助人们发现自身的优势。结果发现，假如一个人做他最喜欢、最擅长的事情，通常使这件事情善始善终的意愿是最强烈的。

在很多他研究过的组织、公司和个人中，都发现通过这样的方式，能提高组织、公司和个人的能力，从而提升业绩。

对于企业管理和团队管理来说，领导者应该善于唤起每个参与者最本能的思维方式、行为模式，发挥出最大的潜能，并且为每个人的才能和潜能都安排一个合适的位置，这样才能调动个体的目标，增加团队的凝聚力。

在团队中，每个成员在个人能力上取长补短，整个团队在发展方向上扬长避短，让每个成员都能在团队中发挥最大的潜力，就能弥补团队的"木桶短板"，从而提升团队的整体实力，构建全面发展的团队，最终实现团队目标。

肆 发掘"潜力股"，
开发潜能驱动力

唐代诗人杜荀鹤在《小松》这首诗里说："时人不识凌云木，直待凌云始道高。"意思是说，世人不认识将来可以凌云的树木，一直要等到它已经高耸入云，才承认它的伟岸。

然而，总有一些人，能一眼识破天机，在"凌云木"还是小树的时候，就发现了它将来"高入云霄"的潜能。

秦穆公：五张羊皮换宰相

百里奚是春秋时期虞国人，他从小饱读诗书，但由于家境贫困，且出身平民，因此在虞国很难入仕为官。于是百里奚离开虞国，出去游学。

百里奚历经宋国、齐国等国家，因为朝堂里没有赏识他的人，所以没能获得一官半职，就这样陷入了沿街乞讨的境地。后来在齐国遇到了蹇叔，他特别能识人辨人，经过一番交谈，蹇叔觉得百里奚很有才华，推荐他到虞国当了大夫。

当时，晋献公想通过虞国去消灭虢国。为了让虞国答应借路，晋献公命人给虞国国君送了金银珠宝和美女宝马。百里奚看出晋献公的奸计，劝谏虞国国君说："如果让晋国大军从虞国经过，他们灭掉虢国之后，一定会灭掉虞国。"然而虞国国君被金银珠宝冲昏了头脑，不听百里奚的劝说。

果不其然，公元前655年，晋国军队灭掉虢国后又途经虞国，顺便灭掉了虞国，俘虏了国君及大臣，百里奚就在其中。晋献公听说百里奚很有才干，想任命他在晋国当官，却遭到拒绝。晋献公一气之下，把百里奚当作陪嫁奴隶，跟随穆姬嫁到了秦国。

百里奚在去秦国的途中逃到了楚国，在楚国边境养牛。

秦穆公听说了百里奚的经历，觉得这人很有才华，一边暗笑虞国国君和楚王愚蠢，竟然放着这么厉害的人才不用，一边就想用重金把他从楚国赎回来辅佐自己。

不过，秦穆公转念一想，假如命人拿着重金去赎人，楚王一定会觉得百里奚很重要，万一不同意怎么办呢？思前想后，秦穆公想到了一个办法。他派使者到楚国，使者见到楚王说："大王，我听说我们王妃的陪嫁奴隶百里奚逃到了楚国，请允许我用五张黑色公羊皮把他赎回去治罪。"

楚王一听，原来百里奚就是个奴隶，于是答应了秦国使者的要求。

百里奚被带回秦国之后，秦穆公立即解除了他的奴隶之身，还恭敬地向他请教国家大事，让他帮忙管理国家。百里奚这时已经七十多岁了，推辞说："大王，我只是一个亡国之臣，哪里值得您请教我？"

秦穆公笑着说："先生，虞国国君不信任您，不重用您，所以他亡国了，这和您没关系。"百里奚被秦穆公的真诚感动，两人就秦国的治理方略谈了三天三夜，秦穆公非常兴奋，立即把国家大事交给百里奚打理。

百里奚想起了昔日好友，对秦穆公说："大王，多亏了蹇叔，我才能有今天，他是一个很有才能的人。"

于是秦穆公派人带着厚重的礼物去迎请蹇叔，让他当了上大夫。在百里奚和蹇叔的辅佐治理下，秦国逐渐强大起来。而百里奚也被后人称为"五羖大夫"。

人人都可能是潜力股

横向对比百里奚一生的遭遇不难发现，他前半生十分坎坷的主要原因是没有遇上明主，也就是赏识他的人。而秦穆公有识人辨人的眼光，看得出这个顶着奴隶身份的老头拥有无限的潜力。

潜力，并不是神秘虚幻的东西，实际上，从心理学的角度讲，每个人都有潜力。

20 世纪 60 年代兴起了一门新的心理学理论——人本主义心理学。而潜能论就是人本主义心理学的重要理论。

人本主义心理学认为，人类这种特殊的高等动物，从出生就具备一种特殊的能力，这种能力促使个体向着完美的发展方向前进。只要个体所处的社会环境适当，个体就会产生一种基本的动力，使其身体和心理的各个方面得到充分发展。

人本主义心理学家基于这种基本的心理动力，认为这个过程其实就是逐步开发人体潜能的过程。

也就是说，个体自我实现的需要就是潜能的驱动力。

正是因为人有自我价值、自我发展、自我目标的实现需要，所以身体和心理的潜在能量才能被发掘并得以使用。

百里奚从小读书，为的就是在治国上实现自我发展，所以他才会外出游学，寻找机会。而直到遇见秦穆公，他的潜能才被发掘和使用。就这样，百里奚和秦穆公在各自的利益和抱负上实现了双赢。

如何寻找潜力股

按照人本主义心理学的说法，每个人只要心中有理想，就拥有无限潜力。

那么，管理者或领导者应该如何寻找身边拥有潜能的人加以利用呢？

一般情况下，一个人是否存在值得发掘的潜力，需要从多方面进行考察。拥有潜力的人，往往拥有两个重要的处事逻辑。

一是意志力坚定，善于突破自我。

"潜力股"的人生大多不顺利，假如顺利的话潜力早就被开发并成就一番事业了。就是因为人生不顺遂，潜力股的潜力被潜藏了。

有些人会被挫折和逆境打败，从此沉沦下去。这样的人，哪怕拥有再大的潜力都很难开发，做事畏首畏尾、瞻前顾后，不值得重用。有些人则百折不挠，在逆境中磨炼出了坚定的意志力和战胜一切的勇气，他们拥有强大的自信，坚信自己一定会一展宏图。

百里奚在七十岁之前，经历坎坷，一身抱负无处施展。但他并没有气馁，而是不断突破，哪怕亡国流离，也坚强地活下去，等待曙光的到来。

从心理学上看，能够战胜逆境的人，就不会被挫折摧垮。他们往往能从困难中寻找机会，冷静思考，保持理智，分析局势，寻找突破。这样的人，在团队协作中，才能发挥主观能动性，帮助团队克服困难，获得收益。

二是能保持平常心，视野开阔。

拥有无限潜力的人反而是低调而平和的，因为他们在历经磨难时见多了尔虞我诈。眼前的任何困难在他们见识过的宽阔世界面前，算不得什么。他们能透过现象看到本质。因此，有潜力的人往往看起来很平常，遇到困难，处之泰然。

只要我们细心观察团队成员的一举一动，尤其是在团队遭遇危机时每个人的处理方式，就能轻松辨认"潜力股"。这样的人能成为团队的定心丸，凭借开阔的心胸和稳定的心理素质，为团队保驾护航。

利用联觉现象描绘愿景

《荀子·劝学》中说："君子生非异也，善假于物也。"能力非同寻常的人与一般人最大的区别就在于，他们为了达到自己的目的，善于利用身边的一切资源。

曹操：望梅止渴，走出困境

相传，东汉末年，曹操亲自率领军队去讨伐盘踞在宛城的张绣。

军队行进到中午，烈日当空，大家又穿着厚重的铠甲，又热又渴，以至于嘴唇干裂、汗流浃背，严重影响了军队行进的速度。

侍卫把这个情况报告给曹操，曹操心里也非常焦急，这样下去，就算到了宛城，军队的战斗力也会大打折扣。曹操立即下令停下来休息，然后派人提着桶去周围打水。等了好久，打水的人却提着空桶跑回来了。

原来这里是一片荒原，四周围别说河，连个水沟都没有。曹操又命人原地挖井，可是挖了半天，一滴水也没挖出来。

曹操心想，这样下去军心可能会出现动摇。曹操苦思冥想，忽然想到一个好办法。他骑着马冲上一片山坡，故意装出惊喜的样子说："哎呀，这个地方我太熟悉了，翻过前边那个山坡，就会有一大片茂盛的梅林。那里的杨梅又大又甜，保证你们可以尽情吃个够。"

将士们一听这个好消息，全都忍不住流起了口水，顿时觉得不那么渴了。曹操趁热打铁，指挥队伍继续前进。走了很久，终于找到了水源。将士们痛痛快快地喝饱了，精神焕发地向宛城进发。

用愿景激励人心

曹操作为团队的管理者，是懂得激励人心的。

当团队或者公司中的人员士气低迷的时候，这种低迷很容易造成大面积传染。士气低迷，严重影响了效率，最终影响团队的产能。

向团队成员描述愿景是提振士气的好方法。

如今的职场和以往不同，愿景变得不容易被大家接受，而且还极其容易引发员工的反感。因为大家都清楚，愿景是根本不存在于现在的东西，不知何时才能分给大家。

在这种情况下，作为领导者，要想激励员工，就需要使用一些特殊的技巧。

曹操在描述愿景时，就很讲究时机和技巧。首先是时机，军队刚刚开拔的时候，曹操没有说，前方有一片梅林，大家路上可以吃。如果这时候说，士兵一定满不在乎，毕竟大家是来打仗的，不是来吃梅子的。而行到中途，又热又渴的时候，士兵们没有水，唯一能解渴的就是梅子。这时，曹操才说前方有梅林，士兵们自然就会"干劲儿十足"了。

从这个例子不难看出，描述愿景要把握时机，抓住员工最迫切的需求，就能达到事半功倍的效果。

利用联觉现象左右人心

描述愿景是利用了一种心理学现象——联觉。

联觉是神经和心理共同作用的一种特殊现象。

一般情况下，对于某种特定的刺激，人的大脑会产生相对应的反应，这就是条件反射。比如吃到美味的食物，就会产生美味的感觉。但有的时候，并不需要亲口品尝，只需要看到或者闻到食物，也能产生美味的感觉。

前者是通过舌头上的味觉刺激，在大脑中形成了"食物很美味"的认知。但后者，并没有品尝，而是大脑的条件反射。这是由于大脑不同区域之间发生了额外的联系，例如主管视觉的大脑区域与主管味觉的大脑区域交叉活动，就会把视觉和味觉联结起来，产生看见某个食物就会想到它的味道的联觉现象。

曹操解决团队内部士气不振的原理就是联觉现象。他巧妙地把视觉想象和味觉联系起来，让士兵的大脑受到刺激并发出分泌唾液的信号，暂时缓解了士兵口渴难耐的难题。

由此可见，曹操使用了简单的联觉现象，左右了士兵们的心理，在他们需求最迫切的时候，来了一次"心理绑架"，带领大家度过了严重的团队危机。

曹操利用联觉骗了士兵，但这种欺骗是善意的、合乎情理的，而且得到了很好的效果和收益。

但假如曹操胡乱编造，可能就会出现相反的效果。

抛出实际利益，不要妄谈未来

如果愿景提出得不合时宜就会变成"画大饼"。在一个团队中，大家之所以讨厌领导者"画大饼"，根源在于领导者只空谈未来，而忘了当下。描绘愿景最忌讳的就是空谈，而没有给出当下的实际利益。

曹操就深刻地懂得，望梅止渴只是缓兵之计，不能长久地维系自己和士兵之间的人际关系。想要保证领导者的信用和威严对员工产生持续的作用，就需要有实际行动。

因此曹操积极寻找水源。梅子代表着未来的利益，是一种空谈，也许能得到，也许得不到。但水源则不是，它是眼下的实际利益，是士兵最迫切的需求。

把这个道理推而广之，在管理团队和公司，甚至是商业谈判和利益竞争中，想要达到描绘愿景的最终目的，让员工或者合作方坚信愿景最终能实现，就需要给出现在能够得到的现实利益，哪怕很小，也能让别人认为你是值得信任的。

反过来想，如果曹操没有继续积极寻找水源，也没有满足士兵的需求，而是急匆匆地行军至宛城，士兵就会发现自己被骗了，对曹操的信任崩塌，那么不仅无法打败张绣，反而会被张绣打败。

 用人不疑，疑人不用

晚清名臣曾国藩说："祸机之发，莫烈于猜忌，此古今之通病。败国、亡家、丧身，皆猜忌之所致。"

无论是国家大事，还是关乎自己的小事，一切祸端的始作俑者都是由猜忌造成的。

赵构：十二道金牌瓦解岳飞北伐

"靖康耻，犹未雪。臣子恨，何时灭？"

这是岳飞在《满江红》中的词句，从中不难看出，终岳飞一生，都想要一雪靖康耻，恢复中原。

南宋绍兴十年（1140），金国撕毁合约，完颜宗弼率领十万大军南下进攻宋朝。听闻这个消息，赵构立即部署兵力阻挡金国铁骑。其中，他最器重的莫过于此时已在鄂州守备三年的岳家军。

赵构命令岳家军立即出击，并允许岳飞开启了第四次北伐，收复首都开封。然而就在各方战局稍事稳定之后，赵构又通过司农卿李若虚向岳飞传递命令："兵不可轻动，宜且班师。"好不容易开启的北伐大战，怎么能轻易放弃呢？岳飞上书，力主北伐。

到了七月中旬，岳家军在岳飞的带领下，一路打到开封城外，包围了开封城。而完颜宗弼此时带着金军驻扎在开封西南边四十五里的朱仙镇。岳家军前哨铁骑和金军在朱仙镇交战，金军当时全军溃败，完颜宗弼只得放弃开封城，北渡黄河逃命。

但完颜宗弼不甘心放弃，在渡河前他想了个办法，决定利用秦桧向赵构施加影响。果然，赵构在对金作战这件事情上反复无常。再加上秦桧唆使党羽一再上书，说："兵微将少，民困国乏，岳某若深入，岂不危也。愿陛下降诏，且令班师。"无奈之下，赵构向岳飞发出了一道班师回朝的诏书。

眼看北伐即将大获全胜，宋朝很快就能收复中原，将金国人赶回黄河以北。岳飞怎么能放弃呢？可他上书争辩等来的却是赵构连发的十二道金牌。无奈之下，岳飞只得班师回朝，北伐前功尽弃。

岳飞班师回朝后，被陷害入狱，没过多久就死了。

灭国灾祸，起于猜忌

俗话说，用人不疑，疑人不用。尤其是作为领导，既想让下属做好事情，又不给予充分的信任，最终的结果就是一拍两散。

纵观赵构的一生，他其实并没有真正地相信过谁。这源于他年轻时的遭遇。赵构生活在金强宋弱的时代。金军第一次南下围攻开封时，赵构作为人质进入金国军营。金军第二次南下围攻开封时，他又临危受命入金营求和。靖康之难发生后，他像丧家之犬一样一路南逃。到了江南也一刻都没踏实，始终在金国的噩梦中徘徊。

　　狼狈的人生经历让赵构对所有人都产生了信任危机，对岳飞也同样如此。

　　其实，赵构将收复中原的重任交到岳飞手中，和对他开始猜忌加重，都是从绍兴七年（1137）开始的。这年二月，岳飞保护赵构来到建康。某天，赵构把岳飞召至"寝阁"，对他说，"中兴之事，朕一以委卿"。

　　随后，岳飞的岳家军吸收了刘光世的军队，越来越壮大。岳飞立即上书，向赵构讲述了恢复中原，迎回二圣的计划。同年八月，淮西军发生军变，投降了伪齐。九月，岳飞向赵构建议立其养子赵瑗为太子。

　　赵构的正统身份本就敏感，而"迎回二圣""立太子""淮西军变"等事件让赵构对岳飞的猜忌逐步加深，最终让秦桧钻了空子。

　　试想一下，假如赵构能够给予岳飞充分的信任，想必收复中原甚至收回燕云十六州也是有可能的。但历史没有如果。我们只能从历史中得到一些微末的启示。

过分敏感是猜忌的本质

猜忌一般都是无理由、无根据地怀疑。喜欢猜忌别人的人往往严重缺乏安全感，内心极度敏感。这种心理作用下，很容易产生并加重自我牵连倾向。

自我牵连倾向指的是无论听到什么或看到什么，都觉得和自己有关系。对别人的语言、动作、眼神，甚至表情都过度敏感。过度敏感进一步造成内心的紧张和焦虑，而紧张和焦虑反过来又继续加重内心的敏感，形成了解不开的循环。

容易猜忌的人为了缓解内心的焦虑和紧张，常采取的办法就是规避容易引起猜忌的环境和人。以赵构为例，他的办法就是召回岳飞，取消北伐，向金求和。

其实，对于公司和团队来说，领导者对下属猜忌是用人的最大的忌讳。同样的，团队内部的人相互猜疑，没有信任感，也会影响团队团结。

猜忌之人，害人害己

中国古代寓言中有这样一个有趣的故事。一个樵夫丢了斧头，没办法砍柴，怀疑是邻居的儿子偷的。此后，他一直悄悄观察邻居的儿子的一举一动，越看越像偷斧子的人。过了几天，他在山谷里找到了斧头，再回去看邻居的儿子，竟然一点儿也不像偷斧子的人了。

喜欢猜忌的人，就像樵夫一样，往往在内心假设目标，然后围绕这个假设，一步一步造成了思维封闭。就像一只蚕一样，最终作茧自缚，思维永远也逃不出来。

这种由猜忌引发的封闭性思维，在团队之中，是一颗定时炸弹，不仅会加重这个人的猜忌心理，还会让他变得固执甚至偏激，无法沟通，严重影响团队的工作效率。

喜欢猜忌的人以自我为中心，对别人毫无信任可言，所以他们通常是团队协作的"黑洞"。因为缺乏信任，与别人无法配合，什么事情都想要亲力亲为，看起来很负责任，其实是对团队的不认同。

喜欢猜忌的人还经常自我封闭，别人很难进入他的内心深处，了解他的内心所想。实际上，这也是源于信任危机和安全危机。

喜欢猜忌的人会严重影响团队的团结。站在领导者的角度，如果团队之中出现了喜欢猜忌的人，领导要尽量安抚，必要的时候要果断剔除这样的人。

站在员工的角度，如果领导有严重的猜忌心理，令自己做事束手束脚，那该离开就离开。

总之，在追求共同利益的整体中，个体之间要配合默契，彼此信任，才能达到双赢甚至多赢的局面。

相互认同才能实现共赢

孟子曰："人之相识，贵在相知；人之相知，贵在知心。"表面意思是与人交往时，可贵之处在于相互了解；而相互了解，最重要的是要交心知心。

无论是交友还是用人，最可贵的地方就是相互认可，这样才能同气连枝，朝着既定的目标努力。

司马睿与王导：王与马共天下

永嘉五年（311），北方匈奴在西晋京都洛阳附近击败了守军，攻陷洛阳，大肆烧杀抢掠，并将晋怀帝以及王公大臣全部掳走。这就是历史上著名的永嘉之乱。

313年，晋怀帝被杀死，司马邺在长安即位，史称晋愍帝。316年，匈奴攻入长安，俘虏了晋愍帝，西晋从此灭亡。

而此时，远在山东琅琊国的琅琊王司马睿在琅琊王氏家族的辅佐下，带领大臣渡过长江，来到了江南地区。

司马睿是司马懿的曾孙，十五岁袭封琅琊王。八王之乱时，司马睿依附司马越，被封为安东将军。永嘉元年（307），匈奴第一次攻打中原的时候，司马睿就在王导等人的建议下，移居到了建邺（今江苏南京）。

王导出身琅琊王氏家族，王氏在西晋朝廷属于举足轻重的门阀贵族。王导很早的时候就和司马睿交情甚密，"眷同布衣"。

江南地区远离中原，无论中原政权如何更迭，这里都是歌舞升平、纸醉金迷，丝毫不受影响，所以聚集了一大批江南富户。司马睿和王导虽然贵为王族和贵族的后代，但在江南富户眼中算不得什么。

为了在江南树立司马睿的威望，王导在三月初三上巳节这一天，安排司马睿坐上十分华丽的轿子，王导以及其他北方贵族们骑着高头大马围在两侧，同时安排仪仗队在前边敲锣打鼓，一队人马行走在大街上，场面十分壮观。

当地的大贵族顾荣认识王导，知道他是琅琊王氏的人，此时看到他们对轿子里的司马睿毕恭毕敬，就联系江南其他豪门来拜谒司马睿。此后，司马睿的威望大大提高了。

后来司马睿任命顾荣、贺循等江南王族的人做官，其他江南士族也纷纷依附，司马睿在建邺这个地方站稳了脚跟。

西晋灭亡第二年，也就是 317 年，司马睿在王导等人的拥立下，登基称帝，建立东晋王朝，史称晋元帝。

司马睿从琅琊国逃到江南，能够在江南站住脚，建立政权，离不开王导的帮助和王导家族的支持。

司马睿对王导也信任有加，不仅在登基当天称呼同岁的王导为"仲父"，还拉着他一起登上王座接受百官朝拜。王导当然一再拒绝，后来民间就传开了，称之为"王与马共天下"。

相互信任源于认同效应

俗话说，用人不疑，疑人不用。作为一个领导者，如果对下属不信任，干脆就不要用他。让他帮你做事情，又各种不放心，反而会削弱下属的积极性，降低自己的威望。

司马睿非常信任王导，国家大事一律交给他去处理。哪怕是后来王导的兄弟王敦手握全国兵权作乱的时候，司马睿依然相信此事和王导没有任何关系，甚至要拿出一半的江山让给王导兄弟俩。

信任是一种心理现象，即认同效应。这是一种非常奇特且普遍的现象。在认同效应中，一方为引导者，另一方为被引导者，而双方都认同的人或者事统称为对象。

在认同效应中，引导者一般会表达出与对象在观点或者特征上强烈的相似性，向被引导者出示了一张在心理上的名片，使得被引导者产生相同的同体观，拉近彼此之间的心理距离。这样就可以消除或者减弱被引导者的反引导定式和防范心理，达到相互认同的目的。

简单来说，认同效应的基础是相互信任，只有相互了解对方的品质和心理，认同对方的目标和志趣，相互之间才能产生足够的信任。

作为领导者，在认同效应中往往居于"引导者"的身份，通过引导达到认同，才能委以重任，这在用人的方式和方法中，是至关重要的大前提。

用人之道，信任为先

在职场里，信任是管理者和下属之间最牢靠的纽带，有的时候比利益还要高。"君子喻于义，小人喻于利"，说的就是这个道理。

在现代社会说"道义"似乎有点儿虚无缥缈，其实简单来说，道义就是情义、义气。如果领导真的对下属交心，对下属百分之百信任，大事小情全不插手，只看结果，相信每个员工都会死心塌地地工作，发挥最大的主观能动性，积极地提高团队的效益。

但反过来，领导把事情交给下属去做，任何鸡毛蒜皮的事都要插手，都要过问，计划书的一个标点都要亲自斟酌修改，项目进程的每个节点都要亲自掌舵。下属做事情束手束脚，无法发散思维，久而久之就会失去创造力，变成只会执行任务的机器。领导一边不肯放权，凡事亲力亲为；一边又喊下属没用，不让自己放心。这样的团队迟早会解散。

信任，是领导给予下属的最起码的尊重。

相互认同，利益双赢

俗话说，将在外，君命有所不受。古代将军在外打仗，哪怕你是皇帝也不能横加干涉。因为你虽然是领导，位高权重，但对前线的事情并不十分了解，这种情况下胡乱指挥下命令，只能引发严重的后果。

西汉时，汉武帝授权霍去病北击匈奴，军队的一切管理全部交给霍去病，自己完全不干涉。所以，霍去病一路打到瀚海，封狼居胥。

历史告诉我们，领导者要放开胸襟，只做好监管工作，其他的事情就交给信任的下属去做。既然放手，就要彻底放权，只有相互信任、相互认同，才能达到权力、地位和名誉的双赢。

第六章 运筹帷幄，立于不败之地

提防竞争优势效应，互补互利才能共赢

《吕氏春秋》中提到："万人操弓，共射一招，招无不中。"意思是，一万个人拿着弓箭同时向一个目标射击，肯定会有人射中的。

这句话实际上影射的是在一个团队中，每个人都有自己的能力，只要团队每个人都发挥作用，优势互补，一定能够实现共同的目标。

刘邦：聚拢"汉初三杰"，各取所长得天下

汉高祖刘邦登基称帝建立汉朝之后，有一天和群臣吃饭、闲聊，刘邦说："你们知道我为什么能得到天下吗？"大臣们你一言我一语，全都没说到点子上。

刘邦笑着说："论运筹帷幄，决胜千里之外，我不如张良；论管理国家，安抚人民，保证后勤粮饷，我不如萧何；论带兵打仗，

战必胜，攻必取，我不如韩信。但我能把他们三人聚到一起，各自发挥所长，这就是我能够取得天下的原因。"

张良是刘邦的智囊，属于运筹帷幄型人才。相传，张良祖上五代在韩国做丞相。秦国灭掉韩国之后，张良怀恨在心，曾经在博浪沙埋伏秦始皇，失败之后逃到了下邳，在这里给一位老人捡鞋得到了《太公兵法》。后来追随刘邦。

张良机制谋划、文韬武略，先帮助刘邦在鸿门宴上成功脱身，消除了项羽的误会。后又在楚汉之争时，劝说刘邦不要放项羽东归。于是刘邦联结英布、彭越，重用韩信，一路追击项羽，将楚军全军歼灭，为建立大汉奠定了基础。

萧何和刘邦是老乡，属于后勤补给型人才，早年间在沛县当狱卒。秦末起义时，萧何就开始追随刘邦。刘邦攻破函谷关、进入咸阳后，萧何接管了咸阳典藏的律令、山川地势图、郡县户口簿等重要行政资料，对日后的楚汉之争中的后勤供给，发挥了重要作用。

楚汉之争开始之后，萧何留守大后方，凭借超强的行政管理才能，不断向前线输送粮草。同时，萧何治理国家也很有一套，在萧何去世之后，曹参接替他做了丞相，整天吃喝玩乐，大家都很奇怪。曹参说："我比不上萧何的才能，只需要按照他制定的国策去执行就可以了。"即使如此，大汉在曹参的无为而治下，依然井然有序。

韩信深谙兵法，是一位卓越的将军，属于前线作战型人才。韩信用兵之神，常常出乎敌人意料，是"谋战"的代表人物，被后人称为"兵仙"。

作为指挥前线的将领,韩信最大的特点就是用兵灵活。在战略上,还定三秦、垓下灭楚战役都充分体现了他拥有优秀的战略眼光和指挥能力;在军事理论上,他与张良写了很多兵书,虽已失传,但从与韩信有关的成语典故上可见一斑,比如明修栈道,暗度陈仓;背水为营;临晋设疑;半渡而击;拔帜易帜;四面楚歌;十面埋伏;等等。

张良善布局,萧何强管理,韩信能作战,三人各有各的优势,谁也不能取代谁。三人相互配合,优势互补,这才把刘邦推上了皇帝的宝座。

人际互补是为了满足需要

在社会人际交往过程中,想要保持人际关系的通达,并且长期保持良好共性的发展,带来更多的利益,大前提是人际关系的双方或多方需要相互吸引。而人际关系的相互吸引的规则之一就是互补。

什么是互补呢?指的是人际交往中,关系双方相互给对方带来心理上的满足状态。当然了,心理上的满足是多方面的,有金钱、有名誉、有地位、有情感。单论商业竞争和职场竞争来说,心理上的满足一般指的是前三种。

如果达到了心理上的满足状态,并且双方从对方身上获取的需求又同时达到互补关系时，这种人际关系就会产生强烈的吸引力。"君子喻于义，小人喻于利"也是这个道理。无论是君子还是小人，无论是道义还是利益，总之他们的人际关系吸引，都是为了满足各自的需要。

就拿张良、萧何和韩信来说，他们觉得刘邦是一个很好的领导，跟着他创业能保证自己在将来一定有成倍的回报。而刘邦想像秦始皇那样成就一番帝业，于是把张良、萧何和韩信留在自己身边，让他们弥补自己在谋略、管理和战术上的不足。

他们之间存在互补性，双方都能相互满足对方的需求，所以他们配合得天衣无缝。

团队中的竞争优势效应

在团队合作中，成员之间的互补性非常重要。但作为领导者，也要提防竞争优势效应。

竞争优势效应源于团队中的竞争。团队中的每个成员都会产生这样一种心理：我不能比别人弱，我要在各个方面比别人强。尤其是当团队中的成员产生了利益竞争时，势必会产生分裂以争取更多的资源，获得更多的利益。

在良性发展的团队中，每个人都有自己的优势，成员之间是互补的，比如张良善于全局谋略，萧何善于后勤补给，韩信善于前线作战。假如三个人产生竞争，张良干涉后勤，韩信干预全局部署，萧何影响前线作战，整个团队就会四分五裂。

这种团队内部为了争夺利益的优先权而产生的不良竞争，就是竞争优势效应。

结果很明显，如果刘邦的团队内部真的出现了上述问题，那秦朝之后的王朝可能就不是汉朝了。

因此，团队领导者在带领团队时，不仅要会用人，注意发挥团队成员的各自优势，为团队的利益服务，还要避免团队内部出现竞争优势效应。每个人既能各司其职，又不越俎代庖，才能保证团队利益的最大化。

防备小人之心不可无

《格言联璧·接物类》中说："待小人宜宽，防小人宜严。"

嫉妒与小人行径之间存在着微妙的关联。若团队中出现互相嫉妒的现象且不加以合理的引导，嫉妒就有可能转化为小人行径。我们通过理解和运用心理学的策略，能在一定程度上管理这种情绪，提前防范小人行径的出现，促进人际关系和谐发展。

秦始皇：任用小人赵高，累秦二世而亡

根据《史记·蒙恬列传》中的记载，赵高可能是赵国皇室的远亲宗族，由于母亲犯了罪受到刑罚，被收入隐宫。

赵高年轻的时候聪明伶俐，由于精通法律，精明能干，秦始皇很青睐他，升他为中车府令，兼职管理皇帝的符令和玉玺。

随着和秦始皇接触得越来越多，赵高的欲望越来越膨胀。他把

目光瞄向了公子胡亥。胡亥一心只想着吃喝玩乐，赵高不仅想尽各种办法满足他，还教他刑罚，让他变得越来越昏庸、暴虐。

赵高的行径引发了公子扶苏和蒙恬的不满。扶苏曾经在私下斥责过赵高，这让赵高很不高兴。据说有一次赵高触犯了法律，犯下重罪，蒙恬要把他处死。赵高在秦始皇面前巧言令色，说服了秦始皇免了自己的罪。但赵高对蒙恬一直怀恨在心。

公元前210年，秦始皇第五次东巡，路过沙丘时病重，他知道自己时日不多，于是叫来掌管符令和玉玺的赵高代拟遗诏，让扶苏主持自己的葬礼。赵高看皇帝要传位给扶苏，想起往日扶苏与自己不和，一旦让他登上皇位，那自己的好日子就到头了。

秦始皇病逝之后，赵高把这个消息封锁起来，随后假传圣旨给远在上郡监督修长城的扶苏，命他自尽。随后赵高找到胡亥和丞相李斯，把秦始皇病逝的消息告诉他们，打算让他俩一起修改遗诏，立胡亥为皇帝。

虽然李斯是秦始皇的得力助手，开国元勋，在朝廷里很有威望，但他对扶苏和蒙恬非常忌惮。李斯是法家的代表人物，国家大事都要按照法度去办，这也是秦国能迅速强大，灭掉六国的原因。然而扶苏和秦始皇与李斯不同，他崇尚儒家思想，反对李斯"以法治国"的策略。

当赵高向李斯提出立胡亥为皇帝时，李斯是反对的。但赵高抓住他与扶苏的矛盾，提出一旦扶苏上位，他的丞相之位可能就要被蒙恬取代，李斯这才下定决心和赵高合作。

就这样，在赵高的阴谋策划下，扶苏自尽，胡亥登基。赵高又策划杀掉了蒙恬和李斯，把国家大权掌控在自己手中。而胡亥则成了他的傀儡。

在赵高的祸害下，秦朝国内矛盾日益加剧，没过多少年，陈胜和吴广发动了起义，秦二世而亡。

嫉妒产生敌视

从赵高的心理发展来看，不难发现，促使他走上这条路的原因是嫉妒。

赵高出生在隐宫，从小就看到王公贵族的孩子锦衣玉食，他却只能干脏活累活。后来，赵高得到皇帝青睐，当上中车府令之后，还是被人看不起。被扶苏训斥，被蒙恬治罪。凡此种种，都让赵高的内心变得扭曲，极度不平衡，因此产生了嫉妒心理。

嫉妒，在心理学上指的是人们为了和其他人竞争某种特定的利益时，对团队中的其他人怀有冷漠、贬低、排斥进而产生敌视的心理状态。

嫉妒是每个人都会有的一种心理现象，这与人类在进化过程中与大自然作斗争有很大的关系。原始人为了维护部落的地盘或者争夺生活物资，都会引发竞争。随着公有制破裂，出现了私有制，部落中物资公平分配的形式被打破。于是，人类产生了追求公平的心理，当达不到公平的时候就形成了嫉妒心理。

嫉妒的两面性

嫉妒在人际关系中是一种不良表现，会导致团队内部产生恶性的、隐秘的竞争，进而破坏团队内部的团结。

凡是有嫉妒心理的人，都是由于"患不均"而产生的怨恨，从而想把别人的资源占为己有。如果这种心理针对的对象是外部竞争团队，反而会激发团队内部成员的竞争活力，促进团队内部的发展。

如果嫉妒心理针对的对象是团队内部的成员，就容易造成团队内部成员争夺资源和利益，不仅不会扩大团队利益，反而会形成团队内耗，消耗团队的既得利益，最终导致团队瓦解。因此，团队的领导者要经常评估团队成员的心理状态。一旦发现团队出现像赵高这种对团队内部成员产生嫉妒的人，就要及时止损，要么踢出团队，要么通过开诚布公地沟通，消除嫉妒。

如果发现团队内部的嫉妒心理是针对外部竞争团队的，那么作为领导者就应该好好利用，以此来增强队员的竞争意识，保持竞争活力，从而战胜对手。

高度警惕并防范小人

嫉妒固然可怕，但被人嫉妒也会带来利益和名誉的损害。被人嫉妒，就好像被小偷盯上了你身上的财物，时时刻刻想要害你，想要得到你的钱财。

所以，在充满竞争的职场中，防人之心不可无，尤其是防小人。

一旦发现被人嫉妒，首先要保持客观和理性；其次确立自信，不要因为外界的干扰而自我怀疑；最后就是有度量。

面对赵高这样嫉妒心极强的小人，扶苏和蒙恬应该谨慎对待，只要不涉及根本利益的争端，可以先隐忍不发，避免正面冲突。同时，建立坚固的关系网络，提升自身的实力和影响力，等获得了能够左右赵高生死的大权时，再处理他也不迟。

现代社会中，作为职场的一分子，一旦发现被人嫉妒，要谨慎对待，谨慎防守。在坚守自我原则的基础上，也要有容人的雅量。

从秦始皇的角度来看，领导者应有一双慧眼，能识别身边的小人，时刻保持警惕，不让小人掌握实权。

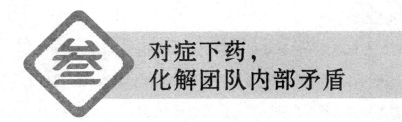

叁 对症下药，
化解团队内部矛盾

明代的吴琔在《闽令刘公升肇庆府判来访诗以奉答》中说："名医囊里皆良药，细诊民瘼对症施。"意思是说，名医的药箱里有很多种名贵的药材，但看病的时候还得对症下药才行。

管理团队，处理内部矛盾，也需要对症下药，这样才能轻松化解矛盾，收服人心。

诸葛亮：七擒七纵，孟获甘愿归顺

223 年，也就是在夷陵之战战败的次年，刘备就病逝了。同一年的夏天，益州郡统帅雍闿趁机发动叛乱，与蜀汉决裂。同时雍闿还策划朱褒、高定元以及少数民族头领孟获等一起叛乱。一时间，蜀汉内外危机，让诸葛亮焦头烂额。

诸葛亮一方面抵抗曹操，一方面派使者与东吴修好，积极整顿国内政治和经济。225 年，诸葛亮亲自率兵南征，讨伐叛军。随着战争的进行，蜀汉节节胜利。没过多久，叛军内部发生争斗，雍闿被高定元的手下杀死。后来，蜀汉军队打败了高定元，将其斩杀。高定元的人马四散而逃，大多数被孟获接收。

诸葛亮继续南下，准备攻打孟获。孟获在南中地区非常有威望，诸葛亮觉得硬碰硬对双方都没有好处，于是决定擒贼先擒王，只要能生擒孟获，让他臣服，那么其他人也会归顺蜀汉。

诸葛亮率领蜀汉军队渡过泸水，第一次与孟获的军队作战。孟获战败，被诸葛亮生擒。诸葛亮并没有惩罚孟获，反而对他很有礼貌，带着他在蜀汉军营里参观，还问他蜀军如何。孟获不服气，说："我之前不知道蜀军的实力，因为轻敌才被你打败。现在我看到你们蜀军不过如此，如果再打一次，我一定能赢你。"

诸葛亮最头疼的问题其实在曹操那，但南中地区叛乱就像牛皮癣一样反复发作，让蜀汉总是腹背受敌。为了彻底解决后院起火的问题，诸葛亮决定攻心为上，让孟获彻底服气。于是，诸葛亮把孟获放走了。

孟获回去之后整顿军队，第二次和诸葛亮作战，结果又被生擒了。此后的第三次、第四次，直到第七次作战，孟获一直被诸葛亮生擒。第七次擒住孟获后，诸葛亮还是放走了孟获，孟获对此百思不解，不明白为什么自己总是输，便不肯离去。想了好久，孟获才对诸葛亮说："您拥有天人的神威，从此以后我们再也不反叛蜀汉了。"

经过七擒七纵，孟获对诸葛亮已经是心服口服。

沟通的有效方式是说服

团队中发生矛盾是再正常不过的事情，尤其是当团队中存在利益竞争的时候。想要解决团队内部的矛盾，首先必须消弭由信息不平衡导致的不同论调，有效的办法就是说服。

在社会心理学中，说服指的是运用各种信息，来改变其他人对某件事情或者某个人的态度。就像诸葛亮平息南中地区的叛乱时发现，南中地区的少数民族无论跟随谁都会叛变，想要彻底解决这个问题，就必须让孟获臣服于蜀汉，但孟获坚信可以打败蜀汉。诸葛亮决定用事实来说服他，对症下药，从根源上解决南中地区的叛乱。

心理学家认为，说服别人，通常有两种方法，分别是中心路径和边缘路径。

中心路径，就是被说服的个体在接收到说服的信息之后，通过自身的能力自发地判断说服信息的真假，很多时候还会自主搜集外界信息来证明。这样的人很有主见，难以被说服，但一旦被说服，就会死心塌地。

中心路径说服法容易让被说服者产生很强的抵抗心理，毕竟他们被说服时，自己的思维和意识也会对说服信息进行思考和加工，形成独特的认知。

而边缘路径则被动很多，在被说服的个体接收到说服信息后，缺乏自主判断的能力，只能依靠别人提供的信息去判断，极其容易受到干扰而判断错误。这类人没有主见，很容易被说服，但也很容易背叛。

诸葛亮说服孟获的方式就属于中心路径。孟获虽然高傲一些，但有自己的判断力。诸葛亮为了说服他，决定让他自己去判断，于是对他七擒七纵。最终，孟获认识到自己的实力不如诸葛亮，归顺了蜀汉。

对症下药，才能收服人心

就像开头说的那样，医生的药箱里有千百种药物和药方，但能解决问题的只有一种。解决团队内部的争端和矛盾，就像治病救人一样需要对症下药。

南方少数民族叛乱，对于蜀汉来说就属于团队内部的矛盾。孟获也是被雍闿、高定元怂恿，才会叛变的。诸葛亮在开启南征之前，就确定了"攻心为上"的总方针。他很了解南中地区的情况，孟获在南中地区很有威望，所以解决南中地区叛乱的关键就是孟获，只要让他臣服，南中地区的叛军自然也会臣服。

诸葛亮一下子找到了问题的症结所在，并全力攻破，最终解决了这个难题。

团队内部出现意见分歧很常见。出现分歧的双方都会想尽办法说服对方按照自己的方案去执行。如果一方是中心路径者，而另一方是边缘路径者，则前者很容易说服后者。但如果分歧双方都是中心路径者，就很容易发生正面冲突，团队内部的分歧就很难化解，需要领导者出面调停。

有些领导者很容易偏听偏信，无法保持中立，导致不能很快发现问题的根本所在。这就需要领导者站在大局的角度审视问题，就像诸葛亮那样，站在蜀汉与南中地区少数民族关系的角度分析孟获叛乱的缘由。

领导者介入处理分歧双方的矛盾时，要先弄清楚矛盾的根本所在，要抓住双方的根本分歧点，陈述各自的利与弊。然后根据自己的判断选出一种相对合理的方案作为参考。最后，给分歧双方留些谨慎思考和作出让步的空间。

注意，化解两个中心路径者的矛盾分歧时，不能使用领导特权把自己的意志强加给他们，这样只会适得其反。

化解危机三原则：
真诚、负责、快速

《庄子·杂篇·则阳》中说："安危相易，祸福相生，缓急相摩，聚散以成。"意思是说，危机与安定、福利与祸患，都是可以相互转化的。

职场中，常常要面对各种危机和磨难，掌握了巧妙的公关办法，危机也会变成机遇。

刘邦：成功脱困鸿门宴，危机公关很重要

秦朝末年，各路义军反抗秦朝暴政，楚怀王就是其中之一。当时楚怀王手下有两路大军，一路为北路，由宋义带领，项羽就在宋义的手下；另一路为西路，由刘邦统率。楚怀王和大家约定，谁先攻进咸阳，就可以在关中称王。

公元前207年，刘邦攻进咸阳，秦王子婴捧着玉玺投降，秦朝

从此灭亡。没过多久，项羽带兵来到函谷关，结果遭到了刘邦军队的阻拦，一气之下陈兵鸿门。

当时刘邦只有十万兵马，而项羽有四十万兵马，一旦打起来，刘邦肯定不是项羽的对手。项羽的叔父项伯和张良是好朋友，项伯连夜赶到刘邦军营，将项羽准备攻打关中的事告诉了张良，让他赶紧逃命。张良随即把项伯介绍给刘邦。刘邦听说这事吓坏了，不仅以兄弟之礼招待项伯，还许诺和项伯联姻，让项伯向项羽为自己求情。

项伯见刘邦说得情真意切，便答应替他转达，并叮嘱他明天一早就去鸿门谢罪。

第二天，刘邦带着张良、樊哙等人来到鸿门，项羽已经摆好了宴席，准备治刘邦的罪。双方见面后，刘邦装出很无辜的样子，涕泪横流地辩解，项羽稍稍打消了对刘邦的怀疑。项羽身边有个谋士叫范增，被项羽称为亚父。他早就看出刘邦绝非池中之物，一再示意项羽杀掉刘邦。但项羽一直很犹豫。

范增恨铁不成钢，就把项庄叫进来，借着舞剑表演的机会，刺杀刘邦。项伯看出范增的阴谋，也抽出宝剑和项庄一起表演，每到项庄刺向刘邦时，项伯就上前阻挡。

张良看出蹊跷，去找樊哙。樊哙是个急性子，推开侍卫冲进营帐，说："怀王曾经约定，先打败秦军进入咸阳的人封作关中王。现在沛公先进入咸阳，一点儿东西也没动，封闭宫室，退军霸上，就等着将军前来。之所以不让将军进入函谷关，是要防范盗贼和秦军的余孽。沛公这么劳苦功高，您不但不封赏，还要怪罪，这是要步秦朝的后尘呀！"

项羽被樊哙一番慷慨陈词说得哑口无言，只得讪讪地让他坐下。又喝了一会儿酒，刘邦借口上厕所，在张良的安排下离开鸿门，回霸上去了。

危机的处理办法——危机公关

公共关系学的创始人爱德华·伯尼斯认为，公共关系是一种管理上的功能，指的是通过制定政策、执行程序，来获得公众的谅解和接纳。

当公共关系出现危机时，就需要采取非常办法——危机公关。刘邦在处理鸿门宴事件时，使用的危机公关就非常厉害。

危机公关是指，机构或者企业在运营的过程中产生了负面影响，为了避免和减轻负面影响带来的品牌、声誉、利益等多方面的损害和威胁，有计划地制定一系列措施，并通过有组织的宣传和应对，规避、控制和解决危机。

面对秦朝留下来的首都和金银财宝、山河郡县的文书，哪一个义军首领不会心动呢？刘邦当然也不能免俗。但在实力相差悬殊的情况下，面对项羽的咄咄逼势时，刘邦不得不展开危机公关，先度过眼前的危机，再做打算。

在这次事件里，刘邦、樊哙和张良都展现了各自在危机公关中的重要职能。

主动承担责任——刘邦

进行危机公关最忌讳的就是推卸责任。因为在不明事实的公众看来，既然事情暴露了，就不会空穴来风，一定有原因。在这种心理引导下，公众容易以偏概全。

因此，处理危机的首要原则就是先站出来承担责任。

刘邦带着张良和樊哙来到鸿门军营，见到项羽的第一句话就是道歉。"戮力而攻秦"是表明了自己的立场和态度，永远站在项羽这边，没有反叛之心。"然不自意能先入关破秦"则是刘邦承认先入关是自己的责任，但绝对是无心的，不是有意而为。

刘邦的做法非常明智，他明知道不是自己的问题，但没有狡辩或抗议，而是退让一步，先承担责任稳住项羽的情绪，免得危机进一步恶化，让自己陷入被动的局面。果不其然，刘邦的一番慷慨陈词，让项羽打消了一些怀疑，舆论的风向也回到了刘邦这一边。

沟通要真诚——樊哙

樊哙虽然曾经是个卖狗肉的糙汉子，但在沟通上还是很精明的。当樊哙得知刘邦在营帐里面被项庄刺杀时，他立即冲进营帐。他人粗心细，懂得用真诚沟通的方式，用摆事实、讲道理来说服对方。

他抬出了楚怀王的约定，"先破秦入咸阳者王之"，站在道义的制高点堵住项羽的后路，告诉所有人，这是楚怀王的规定，不是刘邦违反规矩。接下来说，刘邦自从入关，什么也没碰，就等着项羽来清点，这是劳苦功高，项羽非但不奖赏，还要治罪，这和秦朝暴政有什么区别呢？

这番论证把项羽说得一句话也没有，最后无奈，只说了一个字——"坐"。

此时，项羽对刘邦的怀疑已经基本打消了。

解决问题要快速——张良

在传播学中，事件发生之后，在最初的 12 小时至 24 小时，消息传播的速度最快，二次加工变形的程度最严重。与此同时，也是不明事实的公众最想知道答案的时段。

因此，危机公关不能拖沓，要在第一时间把问题解决掉，把影响降到最低。

在鸿门宴事件中，樊哙通过真诚的沟通暂时把项羽的怒火和对刘邦的怀疑降到最低之后，使刘邦处于相对最安全的时段。同时也是其他将军在这件事上的态度最为摇摆的时段，甚至已经慢慢偏向刘邦了。

这时，刘邦起身上厕所，原本是想要回去继续赴宴的，但张良阻止了他，让他带上一些侍卫抄小路赶回军营。因为张良明白夜长梦多，当通过危机公关把影响降到最低之后，接下来要做的就是立即斩断此次鸿门宴的威胁，唯一的办法就是跑。

最后，刘邦带着人快马加鞭逃掉了。

从头到尾审视刘邦团队的危机公关能力，不仅效率高，而且处理方式得当，每个人都发挥了应有的作用，迅速把影响降到最低，这才度过了鸿门宴这场危机。

从刘邦的故事看来，在利益竞争的环境下，团队常常会遇到各种危机，有舆论危机、效益危机。这就要求团队内部的成员懂得危机公关的原则和方法，这样才能化险为夷。

 # 以退为进才能步步为营

《论语·卫灵公》中说："小不忍则乱大谋。"在一些小事情上不忍耐，反而采取激进的态度和举止，就会耽误大事情的实现。

勾践：卧薪尝胆，灭吴雪耻

公元前496年，吴王阖闾率兵攻打老邻居越国。当时越国国君是勾践。勾践准备充分，一举挫败阖闾的进攻，阖闾在战争中受了重伤，回到吴国不久后就去世了。

临死前，阖闾将吴国国君的位置传给了儿子夫差，并叮嘱他一定要为自己报仇。夫差把父亲的话牢记在心里，在伍子胥的辅佐下，大力发展国内经济，日夜操练兵马。大概过了两年，吴王夫差率兵攻打越国。这次勾践无力抵挡，不仅国都被攻破，而且全军覆灭，几欲灭国。

勾践眼看大势已去，当即决定自杀。这时，谋臣文种连忙劝住他说："我听说吴国的大臣伯嚭贪财好色，只要用金银和美女贿赂他，他一定会为您求情的。"勾践也不想这么屈辱地死去，于是派文种为代表，给伯嚭送了很多金银财宝和美女。就这样，伯嚭答应带文种去见吴王夫差。

　　文种代表勾践向夫差臣服："我越国国君愿意带着家人做您的奴仆，日夜伺候您，请您宽恕他。"夫差的虚荣心得到了满足，立马答应。吴国大夫伍子胥却大声反对："大王，勾践深谋远虑，文种和范蠡又精明能干，放了他们等于放虎归山呀！"

　　可夫差哪管这些，他料定越国已经无力回天，不听伍子胥的劝说。之后越王勾践带着一家老小来到吴国，他们穿着粗布衣服，日夜伺候吴王夫差，什么粗活累活都做。就这样过了三年的苦日子，夫差被勾践的行为感动，认为他真的臣服了，于是把他放了回去。

　　勾践回到越国后奋发图强，决心报仇雪恨。他晚上睡在柴堆上，旁边挂着一颗苦胆，每天睡觉前、起床后都要舔一下苦胆，以此激励自己。

　　与此同时，文种和范蠡帮忙管理国家政务和军事，全国上下一起努力，越国终于兵精粮足。公元前 482 年，吴王夫差率兵北上攻打晋国，勾践趁机突袭吴国首都，杀死了夫差的儿子太子友。夫差听闻噩耗，立即向勾践求和，勾践心里清楚现在自己没有实力对抗吴国，于是撤兵。

公元前473年，勾践再次率兵攻打吴国，这时的吴国四处征战，国力空虚，屡战屡败。夫差又派人向勾践求和，勾践没有同意。最终，吴国战败，夫差自杀。

职场竞争，合理退让是进取之道

勾践卧薪尝胆，委曲求全，体现出勾践不仅能深谋远虑，而且很能隐忍。

现代职场的竞争就好比勾践和夫差的竞争。夫差和勾践相当于两个部门的负责人，为了争取有限的土地和人口的资源（利益），不得不兵戈相向（竞争）。

在现代职场中，客户渠道、宣发市场、内容人才等都是项目成败的关键。想要带领团队获得成功，就势必存在竞争。然而，迎头猛冲的竞争常常会导致两败俱伤。懂得职场竞争之道的人，会选择以退为进的策略。

就像勾践卧薪尝胆一样，以退为进并不意味着软弱，反而会给自己赢得更多的准备时间，从全局的角度分析眼前的形势，用更好的方式整合周围的资源。在这个时间里，竞争对手会因为你的"撤退"而松懈，掉以轻心。等到你有卷土重来的实力时，再给对手迎头一击，将他彻底打败，铲除威胁。

在社会心理学中，以退为进法是一个常见的讨价还价的方式，尤其是谈判、争论的内容涉及利益分配的情境中，会常用这种方式。

劝说者会先提出一种肯定会被拒绝的离谱要求，进而让被劝说者同意预先设定好的第二个较为合理的要求。

当然啦，退让也要分时机、分情况、分对手。

用少许的利益收服人心

在开展商务合作时，我们会遭遇很多竞争对手。有的时候，合作方就是最大的谈判对手。双方往往为了细枝末节的利益争来争去，最终不欢而散，合作失败。

其实，在商务谈判中，尤其在对手的实力比自己略弱时，适度地退让，反而更能争取对方。抛开高高在上的姿态，让出少许利益，赢得对手的好感，往往比争取利益更能促进合作。

在工作中，领导者和管理者也可以用让出少许利益的方式来收服人心。在培养团队成员方面，可以出资培训员工，为其提供职业发展机会和个人成长空间，满足员工的个人发展和自我实现需求。在团队建设方面，关心员工的生活和福祉，如节日礼物、生日祝贺、家庭日活动等，可以增强员工的归属感。

在谈判中，一时的利益让步是为了建立长远的关系和获得更多的利益。在工作中，对员工的每一次鼓励和帮助都是在加固彼此间的信任关系。所以，收服人心并非短期之功，而是需要长期的投入和关怀。无论是谈判对手还是团队成员，都需要感受到持续的关注和支持。

避免内部竞争，适当让步

团队内部避免不了竞争，因为谁都希望自己能在团队中脱颖而出。

然而，职场的架构永远都是金字塔模型，越往上机会越少，位置越少。想要在竞争中获得胜利，为自己赢取机会，首先需要给自己明确的定位，然后是选择合适的竞争方式。

盲目地竞争只会给自己增加无谓的负担，还可能把身边的同事全都得罪，这样不仅会失去竞争力，还会让自己陷入孤立无援的境地。

因此，关键时刻要避开正面竞争，为竞争对手让出一条路，把斗争的焦点转移到其他竞争对手上。这样不仅能避免尔虞我诈，还能将全部精力放在本职工作上，做出让领导惊艳的成绩。

· 面对竞争，正确地分析当前的形势，合理防御、适当退步、避开锋芒才是真正的智慧。

陆　树立明确的目标，
　　激发团队驱动力

王阳明在《教条示龙场诸生》中说："志不立，天下无可成之事。"以此告诉自己的学生，一个人如果没有志向，无论做什么事都做不成。

这句话告诉我们，想要做出成绩，首先要树立明确的目标。

赵武灵王：力排众议，胡服骑射

战国时，赵国的赵武灵王即位，此时的赵国已经衰落，就连周围的中山国这样的小国家都来抢夺赵国的土地，更别说秦国这样强大的国家了。眼看着城池和土地被邻国侵占，赵武灵王非常着急。

除了中原的国家，北方的匈奴游牧民族也经常侵犯赵国的边境。赵国军队打了好几次败仗。赵武灵王下定决心改革军队。他仔细研究了匈奴人作战的特点，发现他们身穿窄袖短袄，无论是骑马还是作战都很方便。他们作战时使用骑兵和弓箭手相配合的方式，比中原的兵车和长矛手灵活机动了很多。

一天，赵武灵王召集大臣，对他们说："北方游牧民族的骑兵来如飞鸟，去如绝弦，速度非常之快。假如我们赵国也有这样的部队，哪还有不打胜仗的道理呢？"接着，他对将军楼缓说："我们处在强国包围之中，必须学习匈奴的胡服，练习骑射。"就这样，赵武灵王提出了"着胡服""习骑射"的主张。

可是，赵武灵王的命令还没有颁布，就遭到了贵族们的反对，尤其以公子成最为强烈。他是个传统的人，认为更改中原人传统的服饰，去穿没有开化的匈奴人的服装，有辱斯文。赵武灵王决心改革军队，完全不顾大臣们的反对，毅然决然地发布了"胡服骑射"的政令。

于是，全国的百姓都把宽大的袖子改窄了，军队学习骑射，甚至赵武灵王自己也穿着匈奴的衣服和大臣们见面。公子成见赵武灵王没有听自己的建议，便装病不上朝，还在私下做小动作阻挠胡服骑射的改革。

眼看着改革的事情不顺利，楼缓等人向赵武灵王建议，要想顺利推行改革，必须说服公子成。赵武灵王没办法，亲自来到公子成的家里，经过赵武灵王一番真诚的劝说，公子成知道了赵武灵王改革的初衷是让赵国强大起来，不再被周围小国欺负，明白了赵武灵王的苦心，于是第二天上朝也改穿匈奴的衣服了。

就这样，胡服骑射的改革顺利推行。没过多久，赵国就建立了一支强大的骑兵。第二年，赵国向中山国发动了进攻，赵国的骑兵所向披靡，打得中山国连连求饶，拿出四座城池作为求和的诚意，赵国才停止进攻。几年之后，赵武灵王又攻打中山国，直到赵惠文王时期，最终灭掉了中山国。

攻打中山国的同时，赵国骑兵也向北方匈奴发动了进攻，将匈奴夺走的土地抢了回来。

经过此次改革，赵国一举成为继秦国之后，实力最强大的国家。

理想和志向背后的动机

常立志不如立长志。每个人的内心深处都有自己特别想要完成的理想或者志向，而理想和志向的心理学本质是一种动机。

动机指的是能够激发和维持个体行动的心理倾向和内部驱动力，这种心理倾向和内部驱动力能将这种行动指向某一个明确的目标。早在1918年，心理学家伍德沃斯就认为动机是决定一个人行为的内在动力。

每个人的行为和动作都是个体与外部环境相互作用的结果，比如天冷了身体打哆嗦，演讲时心跳加速。从这个角度不难看出，无论是个体的外部肢体行为还是内心的心理活动，都是个体试图处理外界情境的变化时，引发的一种心理状态的更迭。伴随心理状态的更迭，进而把个体的行为和心理引导到另外一种状态。这就是动机的心理本质。

动机外化，表现在一个人对于某个固定目标的追逐，就像赵武灵王想要进行胡服骑射改革一样。

动机的三个功能

在心理学上，动机有三个重要的功能，分别是激发功能、指向功能、维持和调节功能。

1. 激发功能。从动机的定义中就能看出，一旦个体的心理产生了对某种对象的渴望，就会激发个体产生某种特定行为，这个行为能激励个体不断向着渴望的对象前进。这就是动机的激发功能。

赵武灵王发现匈奴骑兵比赵国步兵厉害的原因之后，内心对胡服骑射产生强烈动机，于是激发着他去劝说古板的贵族们接受胡服骑射，并很快在全国开展改革。他的一系列行为其实都是胡服骑射这个动机激发出来的。

2. 指向功能。动机就像一个指向标，一旦个体产生心理动机，就像有一个隐形的箭头一路指引着他向着目标前进。所以，一旦产生动机，动机就能指引个体实现目标。

3. 维持和调节功能。动机具有维持和调节个体行为的功能，这个很好理解。心理动机的产生可能只是一瞬间，但想要实施并达成目标需要克服各种困难,所需的时间长、空间大。有些人轻易放弃,有些人能坚持下去,这些都是动机强弱的表现。动机强的人，能维持个体的行为，并通过调节行为的强度和方向，让个体一直向着目标前进。

善用动机，建立目标

无论是工作还是学习，为自己建立一个合理的动机，以及能够实现的目标都是非常重要的。

团队领导者应像赵武灵王那样，从全局的角度审视和发觉内心的动机，形成整个团队的指导思想。比如团队攻坚某个产品，质量做到什么程度，销售渠道如何铺展，宣发平台用哪些，等等，一系列的统筹和规划都需要建立在某个动机上。

你是想带领团队在短期内获得最大利润，不管产品口碑和更新迭代，还是想牺牲短期利益，谋求品牌口碑的建立和稳固？

动机不同，最终目标和结果也会不同。这就需要团队的领导者，甚至团队中的每个人都参与动机的创建。就像楼缓一样，他是赵国的将军，不想总被匈奴打败，不想被敌人欺辱，所以他支持赵武灵王，积极推动胡服骑射的改革。赵武灵王团队中的成员就是动机一致且明确。

团队内部如何建立合理的动机和目标呢？

动机其实是在需要的基础上建立起来的。也就是说，当个体在某方面的需要得不到满足时，内心就会产生驱动力，这种驱动力促使他想办法去满足自己的需要，进而产生了动机。

由此可见，无论是建立动机还是目标，都要扪心自问一下，你到底想要什么？每种需要的背后都有不同的动机和目标。

　　动机是驱动力，目标是指向标，团队的领导者想要实现自身的成功和团队的成功，就必须有充足的需要、合理的动机和明确的目标。